# 1964

## 前の東京オリンピックのころを回想してみた。

Izumi Asato
泉 麻人

三賢社

1964前の東京オリンピックのころを回想してみた。

ブックデザイン　鈴木成一デザイン室

表紙の東京写真は64年の6月、できたばかりの首都高速道路、江戸橋インターの上空から西方を俯瞰したものらしい。写真の右手からグッとカーブを切りながら左側に延びる首都高は築地の方へ続く楓《かえで》川という堀川の上に造られたもので、所々に川の時代に渡された橋が確認できます。並行するセンターの道が昭和通り、4の字の右端の方に日本橋の中心街が広がっています。

もうこの時代、10階レベルのビルが目につくようになってますが、よく見ると、狭間に背の低い家が寄り集まった路地裏めいた一角も認められる。こういう場所で、絶滅寸前の日本橋っ子のベーゴマやメンコ遊びがひっそり繰り広げられていたのかもしれません。

遠方に東京タワーが若干スモッグに霞んだように聳《そび》えたっていますが、僕が憧れのタワーに昇ったのも、オリンピックの前年くらいのことでした。

1964前の東京オリンピックのころを回想してみた。／目次

「1964 泉麻人の思い出写真」

小社HPにて公開中。

http://sankenbook.co.jp

# 第1章 63年の大晦日の風景

1964年が始まる前日、63年の大晦日から記憶を辿っていこう。この年の春に小学校に上がった僕は、1年生の冬休みを迎えていた時期だ。大晦日の朝は、父が読み終えた新聞の番組表をとりわけ目を凝らして眺めたおぼえがある。

わが家が取っていた朝日新聞の63年12月31日の番組表をいま一度眺めてみよう。長円と五角形を組み合わせた、局名欄のデザイン*がなつかしい。下段がラジオの番組表になっているが、テレビの番組表の方が上段になったのは61年からである。

左から1（NHKテレビ）、4（日本テレビ）、6（TBSテレビ）、8（フジテレビ）、10（NETテレビ）、と並んで、3のNHK教育テレビが右端にオマケのようにくっついているレイアウトまでよく憶えている。そう、東京12チャンネルがここに加わるのは年が明けた64年（4月）のことなのだ。

さて、この年の大晦日はどんな番組から観ていたのだろう。フジの朝8時5分、「テケテケ大行進」というのは、〝テケテケおじさん〟というチャップリンをマネたようなオッサンが出てくる海外モノの短尺コメディーで、テケテケテケ……といった感じの独特の足どりで歩く。けっこう観ていたおぼえはあるけれど、大晦日はまだこの時間、起きていなかったかもしれない。

10時5分頃からの「ブーフーウー」（NHK）、それから滝口順平が声を付けていた11時「ジャングルおじさん」（日本テレビ）あたりはなじみの番組だったが、日中はまだあまりお

* NHKテレビ 1

もしろそうな特番は見あたらない。昼下がりの3時、「年忘れ爆笑大会」（NET）に林家三平、獅子てんや、瀬戸わんやの名前があるが、三平は「おもちも入ってベタベタと〜〜」という渡辺製菓の即席しるこのCMが当たって子供たちにも人気者になっていたはずだ。てんや・わんやの「ピ、ピ、ピーヨコちゃんじゃ、アヒルじゃガーガー」というシュールなネタがブレイクするのはもう2、3年後のことである。

夕方の5時15分から「快傑ハリマオ」（日本テレビ）をやっているが、この番組の本放送は60〜61年頃でこれは再放送。しかし、ハリマオは夕食前のこの時間帯によく観た印象が残っている。ハリマオ役の俳優（勝木敏之）が東南アジアのロケ中に象に踏みつぶされて番組が終わった――という奇妙な噂が流布した番組（もちろんデマ）だったが、僕らの間でそんな話がやりとりされたのは、この再放送の時期だったような気もする。♬真っ赤な太陽〜〜という主題歌をカン高い声で歌っていた三橋美智也は、この夜の紅白歌合戦にも出場していた。

5時45分のNHK人形劇「チロリン村とくるみの木」は、よく観ていた。翌年には「ひょっこりひょうたん島」に変わる晩年の頃だが、もう カラー のマークが付いている。わが家はまだ白黒テレビだったけれど、オリンピックに向けて、ぽつぽつとカラー放送が増えていく時期でもあった。

いまや報道（ニュース）の時間帯となった夜6時台も、当時は子供のゴールデンタイムだった。〟まんが人形映画〟と銘打たれた「伊賀の影丸」（TBS）は、確かサンリツ製菓という中小メーカーが提供していた、マンガとはかなりギャップのある垢ぬけない人形劇で、♬カゲー　ハッ　カゲー　ハッ　という「ハッ」の合いの手が耳に残るテーマ曲は小学校のクラスでけっこうハヤッていた。

なんといっても6時台の王道はアニメが並ぶフジテレビ、6時15分の「鉄腕アトム」はこの63年のまさに年頭（1月1日）にスタートした国産初のアニメ連続劇だった。もうアトムについては言うまでもないだろうが、この日のタイトル「アトム・サヨナラ・1963年」というのはいったいどんな内容だったのか……気になる（どうやらこれは凝り性の手塚のゴーサインが〆切に間に合わず、いたしかたなく虫プロの制作現場の紹介映像を流した回らしい）。

大晦日の番組表は、1時間の仕切りをぶちぬいた2時間超の特番があるのが豪華な感じで楽しかったのだが、7時からTBSで「1963年歌くらべオールスター大行進」という、いかにも当時らしいタイトル（オールスター大行進、ってのはハヤリだった）の特番をやっている。司会・高橋圭三──とトップに記されているが、高橋は2年前の61年までNHKの局アナとしてほぼ例年紅白の白組司会を任されていた人だから、これは時間帯こそ被らないものの、紅白を意識した番組といっていいだろう。「レコード大賞」の前身的な番組（レコ大はすでに存在したが、12月初めに各賞は決まっていた）とも目される。梓みちよ、江利チエミ、春日八郎、坂本九、ザ・ピーナッツ……出演者も大方紅白と重なっているから、両方をかけもちするのが流行歌手の証しだったに違いない。

「ザ・ヒットパレード」「地上最大のクイズ」（フジテレビ）、「ジェスチャー」（ＮＨＫ）といった番組も、いつもの火曜日ならチャンネルを合わせていたおなじみの番組である。60年代の中頃は、大晦日、正月とはいえレギュラー番組を放送する局が多かったのだ。

## 紅白歌合戦の聖火ランナー

さて、そろそろ「紅白」に目を向けよう。この時代の紅白（第14回）は夜9時のニュースの後の9時5分スタートで、終了は11時45分。つまり、いまの〝第2部〟の枠にあたる。63年の紅白は、視聴率81・4％の記録が残る歴代最高視聴率の回（番組）とされているが、僕が初めて意識的に視聴したのもこの63年の紅白だったと思われる。

初出場を果した舟木一夫の登場を待って、深い時間まで観せてもらったことを強く記憶している。

ちなみにこの63年紅白、20年近く前の年末にＮＨＫのＢＳで丸ごと放送していたおぼえがあるけれど、現在のオンデマンドで完全映像を観ることはできない（ユーチューブに断片的に上がっている映像は以前のＢＳでの放送をもとにしたものではないだろうか）。が、横浜・日本大通りにある「放送ライブラリー」でオリジナル映像を視聴することができると知った。27インチのモニターが設置されたブースに入って、メモを取りながら55年余り前の紅白歌合戦をじっくりと眺めてみた。

会場はＮＨＫホールができる以前の定バコだった日比谷・東京宝塚劇場。しかし、いきなり場内のステージから始まるわけではなく、街頭シーンから幕を開ける。

観衆の出た日比谷映画街の道（右手がいまの日比谷シャンテ、左手がミッドタウン日比谷）を２台の白バイに先導されて、聖火ランナーらしき男が走ってくる。

「昭和38年もまもなく終わろうとする大晦日……寒風をついて颯爽たる走りは渥美清さんです」

初期の紅白から総合司会を務める石井鐘三郎アナの安定したナレーションにのせて、渥美が宝塚劇場に足を踏み入れたところでカメラは場内に切り換わって、出場歌手の入場シーンとなる。おなじみのオープニング曲「スタインソング」（乾杯の歌）の演奏が流れるなか、後方右扉から白組、左扉から紅組の歌手が客席間の通路を進んでステージへと上がっていく（ちなみに紅白の放送はこの翌年、つまりオリンピックの年の64年暮れからカラーになった）。

出場歌手が出揃ったところで、客席後方から〝オモチャの聖火〟を手に入ってきた渥美清、ステージのセンターに設けられた10段余りの階段を上って、設置された〝書き割りの聖火台〟の前に立つと、矢庭にくるっと背を向けてジャンプ。聖火台に点火するようなアクションを見せる。すると、聖火台の上方にセットされた五輪を表わす５つの輪っかがピカッ、ピカッと点灯する。なんだか、田舎の寂れたドライブインのネオンみたいで、いま見るとかなりショボい小道具だが、ズッコケるようなオチが用意されているわけでもないから、笑いを狙った仕掛けではないだろう。まあ当時の美術装置の水準はこの辺が限界だったのだ。

というオリンピック前夜のムードで始まった紅白、紅組の司会は江利チエミ、白組は宮田輝、彼らによって紹介されたゲスト審査員のなかにも〈東京オリンピック　女子選手村責任者　貞閑晴《さだかはるか》〉なんていう女性がいた。ちなみにこの〝貞閑〟という印象的な名前の女性、東京都の教育畑で長年活躍した人で、青少年や婦人に関する教育レポートがネットにも数多く確認できる。

他のゲスト審査員で目にとまったのは、明けて初場所後に横綱昇進が決まる売り出し中の大関・栃ノ海、南海と1ゲーム差でパリーグ逆転優勝を果した西鉄の監督兼選手・中西太、女優では新珠三千代と佐久間良子が顔を揃えていたので、てっきり新年の大河「赤穂浪士」か春に始まる朝ドラ「うず潮」の絡みか……と思って調べてみたら、お二方とも出演者リストに名前はない。この時代のＮＨＫはまだ自局番組のプロモーションに無頓着だったのだ。

開幕を前に江利、宮田、両司会者が「宣誓」をしている。

「われわれはアーチスト精神にのっとり、敵をノックアウトするまで戦うことを誓います」

これ、もうこの時代から使われていたのか……。

この年のトップは先攻・紅組の弘田三枝子。「ヴァケーション」かと思ったら、「悲しきハート」だった。これも当然、漣《さざなみ》健児訳詞のゴキゲンなカバーポップスだが、「ヴァケーション」は前年の初出場のときにもう歌っていたのだ。

そう、江利が「パンチの効いたミコちゃん」と紹介していたが、〝パンチの効いた〟は当時の弘田の歌声を評するキーワードだった。「悲しきハート」のようなレコード化されたポップスよりも、僕ら年少の子供の間でとりわけなじみ深かったのは、♬ア・ス・パ・ラでやりぬこう！　っていう田辺製薬の「アスパラ」のCM。まさに彼女の〝パンチの効いた〟キャラをいかした滋養強壮ドリンクのコマーシャルだった。CMソングの鬼才・三木鶏郎の代表作の1つだが、詳しいことは自著『冗談音楽の怪人・三木鶏郎』（新潮選書）に書いたので、ここでは割愛する。

ミコちゃんに対する白組は、〝やっちん〟こと田辺靖雄。初出場の彼、「雲に聞いておくれよ」というあまり知られていない曲（「夢で逢いましょう」あたりで生まれた曲なのかもしれない）を歌っている。この時期の田辺はピンよりも梓みちよとのデュエット曲「ヘイ・ポーラ」とか「けんかでデイト」とかで知られていた人だから、いまどきだったら後に出てきて「こんにちは赤ちゃん」を歌う梓とデュエットナンバーを披露するシーンも設けられたに違いない。

続いて仲宗根美樹が民族衣装で「奄美恋しや」を、守屋浩はハカマに脇差を付けた昔ながらの香具師の姿でコミカルな「がまの油売り」。守屋の後の北島三郎はなんとこの年が初出場だったのだ。数年前まで渋谷を根城に流しのギター弾きやっていた思いもこめて「ギター仁義」を歌う。

さて、1人ずつ順に解説していってもキリないので、この辺でちょっとハショると、この仲宗根の他、初出場の三沢あけみも奄美民謡をもとにした「島のブルース」、朝丘雪路も琉球民謡ベースの「永良部百合の花」と、奄美・沖縄ネタが目につく。春日八郎が「長崎の女」、三波春夫が「佐渡の恋唄」……と、日本各地の風土漂う曲を紹介するのは紅白の特徴とはいえ、奄美・沖縄モノを集めたのは、やはりオリンピックを前にした、1つの国際的メッセージ（奄美は53年に返還されていたが、沖縄は72年）がこめられていたのかもしれない。

しかし、日本各地に限らず異国情緒漂う曲も多い。雪村いづみは「思い出のサンフランシスコ」、アイ・ジョージは「ダニー・ボーイ」、坂本スミ子はラテンの名曲「テ・キエロ・デヒステ」、ダークダックスはロシアの「カリンカ」。そして、歌手でも出場している江利が歌った「踊りあかそう」と立川澄人「運がよけりゃ」はこの年大ヒットしていたミュージカル「マイ・フェア・レディ」からのナンバーだ。江利がヒロインのイライザ、相手役のヒギンズ先生を高島忠夫が演じた日本版マイ・フェア・レディが上演されていたのは、この東京宝塚劇場。冒頭、聖火ランナーの渥美が入ってくるときにも〈マイ・フェア・レデイ〉の看板が写りこんでいたが、NHKとはいえ、そういう長年の会場への配慮があったのかもしれない。

ちなみに江利チエミは歌手としては11回目の出場だったが、司会は初めて。「生まれて初めてのことなんで、ミスすることはまちがいないんです」なんて謙虚なことを冒頭で言っていたけれど、臨機応変、リズミカルで実に巧みな司会振りだ。カンペに目をやっているのがミエミエの近頃のアイドル女優の司会とは大違いだ。タレントの能力も一つだろうが、最近の紅白は演出の段取りが多過ぎるのではないだろうか……。

江利が「私たちの大姉御《おおあねご》」と紹介した越路吹雪のパフォーマンスも素晴らしい。定番「ラストダンスは私に」をキレッキレの身振り手振りで歌い、最後は舞台右手の白組コーナーに向けて投げキッスを軽く送ってシャキシャキと去っていった。

越路に匹敵する白組の大御所は森繁久弥。この年は「フラメンコかっぽれ」なる奇妙な洋風お座敷唄をアイ・ジョージのギター伴奏でこなしていた。先攻する紅組の楠トシエが披露したのが「銀座かっぽれ」。あまり風俗史には記録されていないが、オリンピックの前年に静かな〝かっぽれブーム〟というのがあったのだろうか?

森繁といえば、当時東宝の喜劇映画〝社長シリーズ〟でのコンビも定着しつつあった三木のり平が応援出演している。橋幸夫が歌う「お嬢吉三」の前フリで、お嬢に扮した女装ののり平、「月もおぼろにふらふらと、有楽町に来てみれば……」名文句をいじったセリフを語りながら、聖火台前の階段からステージ中央に降りてくる。ここに絡んでくるのが、八波むと志と千葉信男。絡みなれたおなじみのメンツだ。

「ほんに今夜は大晦日、白勝て白勝て、紅負けろ」

たわいない下げで締めて去っていくのだが、客ウケは実に良い。会場の規模のせいか、お客が笑いに飢えていたのか……ともかく、いまよりもずっと演芸場的な和やかな空気が感じられる。

お笑い陣の応援ゲストでは、虚無僧姿のトニー谷が鳥追い女の清川虹子を伴って登場、「アベック歌合戦」でブレイク中の♬あんたのお名前なんてーの〜〜とやり、頭にTVアンテナのようなものを巻きつけて、きてれつな宇宙服姿で現われた柳家金語楼は「私はテルスターでございます」と唱え続け、後から出てきた宇宙電波局長の黒柳徹子にイジられまくる。

テルスターー、と言われてももはやピンと来ないけれど、当時NASAが打ち上げに成功したアメリカの通信衛星で、アポロ計画が軌道に乗る以前、宇宙ネタを象徴するキーワードでもあった（トルネイドースというインストバンドの「テルスター」って曲もヒットした）。

金語楼はなんといっても「ジェスチャー」の人、黒柳徹子は「ブーフーウー」のウーの声と「魔法のじゅうたん」のおねえさん、いずれもNHKバラエティーの看板タレントだった。関西からの中継で藤田まことも顔を出した。前年に始まった「てなもんや三度笠」のヒットで、東の植木等に対抗する西のホープ芸人のような感じでよく扱われていた。法善寺横丁のうどん屋からの中継で、藤田は妙に紅、白の勝ち負けにこだわったようなコメントをしていたが、この時代の紅白はいまでは信じがたいほど〝勝負〟にこだわっていたのである。

のり平たちのコントのオチもそうだったが、歌の中でもしばしば白が勝つだの紅がどうだの……といった替え唄が歌われている。

「勝てやしないぜ男には〜〜」（和田弘とマヒナスターズ「男ならやってみな」）

「ど〜せ今夜は紅組の勝ち〜〜」（畠山みどり「出世街道」）

この種の替え唄を持ちネタにしていたのが村田英雄で、この年の「柔道一代」もなかなか力が入っている。

「いまに白組　時代が来るぞ〜〜

泣きたかったら　紅組一同

青い畳の上で泣け〜〜」

〝青い畳〟の箇所は元歌のまま使ったのだろうが、ここは〝白い畳〟にした方がよりわかりやすかったのではなかろうか。いや、そうするつもりで出てきて、うっかり元の詞で歌ってしまったのかもしれない。

さらに、江利と宮田の司会者は紅組、白組というより〝女性軍〟〝男性軍〟という表現をよく使っている。つまり、それほど男と女の対決に重きを置いていたということだ。

さらに、審査も会場のゲスト審査員の他、男女2名ずつの一般審査員を全国10か所くらいに配置して、途中経過の中継が入る。「○×さんの歌が良かったので紅がややリードしてますかね」なんて感じで、皆律義に男女の戦況のことばかり語るのだ。

そういえば、ちょうどこの頃の人気ドラマに「男嫌い」（63年4月〜64年4月　日本テレビ）というのがあった。先の越路吹雪を筆頭に淡路恵子、岸田今日子、横山道代による気の強い四姉妹がまわりの男どもをギャフンと言わせる……コメディー調のドラマで、わが家のオトナたちがよく観ていた。夜の9時半からの番組なので、子供の僕はじっくり観せてもらうワケにはいかなかった（大晦日のような日は別として）が、この番組から出た〜カモヨ、カモネの物言いは僕らの間でもハヤッていた。それはともかくとして、63年紅白の男女の戦いは、このドラマのムードに似ている。いま思えば、戦後の男女平等主義が定着して、〝強い女と弱い男〟の構図がコントのネタになるようになってきた。紅白の男女の勝負のこだわりも、そんな時代の空気が反映されているような気がする。

昭和時代の紅白において、〝応援の電報〟というのも定例のシーンだったが、江利が読んだ電報にこんなのがあった。

「女性軍ハッスルせよ　海の男がついている」

根室あたりの漁船からの電報だったが、「ハッスル」というのはこの年（63年）あたりからの流行語だった。小林信彦の『現代〈死語〉ノート』（岩波新書）にはこう解説されている。

この年の春、アメリカでキャンプをおこなった阪神タイガースが持ち帰った言葉という説もある。ぼくは前年に封切られたポール・ニューマン主演の映画「ハスラー」から出たものとばかり思っていた。ハスラーとは〈かなり手荒いやり手〉の意味で、ポール・ニューマンはプロの撞球師を演じていた。この言葉は〈張り切る〉〈大いに乗る〉〈がんばる〉の意味で大いに流行した。

後に登場する植木等も、紅白のおよそ2か月前封切の東宝映画『クレージー作戦　くたばれ！無責任』において、他のクレージーの面々と「ハッスルコーラ」なる飲料水の販売員を演じ、♬ハッスルハッスルハッスルハッスル　ホイ〜〜という軽快な宣伝歌を歌いながら行進していた。

ところで、放送ライブラリーのモニターには、番組がスタートしてからの時間が刻々と表示されるのだが、1時間55分に達した頃、ようやくお目当ての舟木一夫が登場した。

「愛知県一宮で歌手を夢見る少年でした……」

宮田輝の紹介とともに、センターの聖火台階段をおなじみの詰襟学生服姿で降りてきた。目が左に右に、きょろきょろと定まらない。一見して「上がっている」のがわかる。

とはいえ、「高校三年生」の歌唱自体はさほど乱れることもなく、安定していた。些細な挙動まではともかくとして、この舟木一夫登場の光景は、ぼんやりながら記憶に残っている。始まってから1時間55分というと、ほぼ11時、小1の子供にとっては非日常的な夜更け。「おい、舟木一夫、出てきたぞ」なんて感じで、一緒に観ていたオトナに起こされたような気もする。

### クレージーと三人娘

説明が遅れたけれど、当時のわが家には祖母を筆頭に父、母、叔父、弟、それからチヨくんという愛称のお手伝いさんがいて、四畳半の茶の間に寄り集まっていたはずだ。僕と2歳下の弟は掘りごたつ式の食卓のテレビ受像機に一番近いコーナーにうつ伏せ姿勢で身体半分潜りこませて、見上げるように紅白を視聴していた……と思われる。

テレビ受像機の傍らの壁に毎年「富士銀行」のカレンダー（富士の絵が1点描かれた1枚のポスター型）が画鋲で貼り出されていたのだが、だいたい紅白の途中の頃に母がこれを貼り換える。来年はどんな富士山の絵なのか……ちょっと楽しみだった。

舟木一夫を観て、あるいは母の富士銀行カレンダー貼り換え儀式を眺めて、弟と一緒に寝床へ向かったのか……というとそうではないだろう。登場順のリストを見ると、白は舟木の次が坂本九、さらに「うたのえほん」（ＮＨＫの幼児番組）のお兄さん歌手として親しんでいた旗照夫、その3人後のラス前が植木等、と僕のアイドルが続いているから、まだがんばったはずである。

坂本九の「見上げてごらん夜の星を」に続いて、「ことしの〝レコード大賞〟をとられた」という江利の紹介で出てきた梓みちよの「こんにちは赤ちゃん」のシーンも、ぼんやりとオンタイムの残像がある。とくに、歌の後に作詞の永六輔（曲は中村八大）が押す乳母車に乗って、聖火ランナーから赤ん坊に衣替えした渥美清が再登場するシーン。

「こんにちはアカさん、あなたの負けよ」

と、ここでも渥美清が勝負ネタの替え唄をちょろっと口ずさむ。

九ちゃんの「見上げて――」は、いずみたくの曲に永六輔の詞、ジェリー藤尾の「誰かと誰かが」は永と中村の六八コンビ。ミュージカルの曲やカバーポップス、そして渥美清に黒柳徹子、三木のり平、八波むと志の起用……そうか、たぶんこの年の紅白の演出は末盛憲彦ディレクター率いる「夢で逢いましょう」のチームが担当していたのだろう。

歌のお兄さん・旗照夫は大ヒット映画「史上最大の作戦マーチ」、ペギー葉山「女に生れてしあわせ」、デューク・エイセス「ミスター・ベースマン」、ザ・ピーナッツ「恋のバカンス」と、バタ臭いポップスが続く。春日八郎「長崎の女」、五月みどり「一週間に十日来い」とここで和風歌謡が2曲入った後、「歌も良ければ芝居も良し、だまって立てばゲラゲラ笑う、日本一責任感の強い男」と、ヨイショ気味の宮田ナレーションに続いて、聖火台に姿を現わしたのはご存知、植木等。ぴょーんと一発、軽快に飛びはねてから、階段をひょこひょこ降りながら歌い始めたのは、「どうしてこんなにもてるんだろう」。夏に公開された『日本一の色男』の挿入歌で、当時の植木の曲としては若干地味な印象があった。が、この曲だけでは終わらず、1コーラスを歌い終えたあたりでクレージーの面々が勢揃い。派手な「ホンダラ行進曲」となる。

そうだ、出演歌手に植木等の名前しかなかったのに、やっぱりクレージー全員が出てきて妙にうれしかったことをよく憶えている。ちなみに「ホンダラ行進曲」は、この63年の春に僕が初めて連れて行ってもらったクレージー映画『クレージー作戦　先手必勝』のなかで歌われた、大好きな1曲だった。

ともかく、なんでもホンダラダ〜〜で片づけてしまう青島幸男の詞がすごい。

クレージーが去った後、ステージに現れたのは「三人娘」とクレジットされた中尾ミエ、伊東ゆかり、園まり。フジテレビでこの年の秋まで放送されていた「森永スパーク・ショー」では通称〝スパーク三人娘〟、渡辺プロ所属なので〝ナベプロ三人娘〟と呼ばれることもあったが、どちらも紅白にはなじまないのでただ「三人娘」となったのだろう。

江利の紹介を受けてのことなのか、ステージに出ようとするとき、中尾がわざわざ「ホンモノの若さですから」と念を押していくのが印象的だった。3人はまず伊東をセンターにしてハヤリのツイストを踊りつつ「キューティ・パイ」を歌うと、次に園まりのソロでしっとりとした「女王蜂」（ここで中尾と伊東がふざけた調子でソシアルダンスを踊って笑いをとっているのを横目で見た園が、一瞬ムッとした表情をするのがおかしい）を、ラストにはこれもブロードウェイ・ミュージカル由来のヒット映画『バイバイ・バーディー』のテーマ曲で中尾が締めくくる。

ザ・ピーナッツ、クレージー、三人娘と続くこのあたりは、当時のナベプロの勢いを感じる。ジャニー喜多川氏もこういうシーンを眺めながら意気を昂ぶらせたのだろう。初代ジャニーズがレコードデビューするのは翌年の暮れのことだ。

そして、白組・三波春夫がトリ、紅組・美空ひばりが大トリを務める。三波の話は後回しにして、美空はこの年出場8回目。54年、17歳の年に「ひばりのマドロスさん」で初出場を果した美空は55年、56年は不参加だったものの、復活した57年から58、59年と3年連続でトリを務めた後、60、61、62年と島倉千代子にその座を奪われていた。

63年、トリを奪還したひばりの曲は「哀愁出船」。ファン以外の人も知る「柔」の大ヒットは翌年のことで、これはオリンピック効果もあったのだろう。とはいえ、「柔」前のこの年、司会の江利はすでに「歌謡界の女王」と紹介している。50年代なかばから、雪村いづみを交えた〝元祖三人娘〟として、キャッキャッした青春映画を撮ってきた2人の間には感慨深いものもあっただろう。

さて、三波春夫、すでに発売されていた「東京五輪音頭」（63年6月発売）を歌うのかと思ったら、「佐渡の恋唄」というマイナーな曲で、割とあっさりした感じで終わってしまった。が、冒頭から渥美清の聖火ランナーを仕込んで、舞台に聖火台の常設セットまで組んだわけだから、これでおしまいではない。

美空の歌の後、オーケストラのファンファーレとともに紅白採点結果の発表となった。ゲストと全国の一般審査員総勢27名による採点は紅19、白8――圧倒的な差で紅組が勝利した。

紅組司会の江利に優勝旗が授与され、ここで藤山一郎が登場、藤山の指揮によって「蛍の光」ではなくフィナーレ曲として「東京五輪音頭」が歌われた。

5人ずつくらいの晴着の男女が決まりの振り付けで踊り、いまだったらこれを持ち歌にする三波春夫が堂々とソロを取るはずだが、センターに指揮者の藤山の姿は見えるが、主役の三波は春日八郎なんかの脇の案外控え目な位置で〝合唱隊の一員〟みたいな気配でマイクを手にしている。

大トリのひばりより目立ってはいけない、白組先輩格の春日八郎や三橋美智也より出しゃばってはならない……といった、あの時代の芸能界ならではの緊迫した空気が漂っていたのだろう。

紅白がハネた後、11時45分から「ゆく年くる年」が始まる――というスタイルはすでに確立されている（当初は55年の大晦日、「逝く年、来る年」の漢字書きだったという）。民放は15分先行して11時30分から、4、6、10チャンネルが「ゆく年くる年」を共同中継しているが、8のフジだけは「グランド・パレード」（11時45分〜）というバラエティーを放送している。トップに坂本九の名前があるけれど、これ、新年が来るや否や、九ちゃんが「正月だ、正月だ、めでてえな〜」みたいな曲を威勢良く歌っていた番組ではないだろうか……。

記憶が正しければ、小1の僕は年が明けるまでテレビとつきあいながら起きていたことになる。

# 第2章

# 64年の正月と八波むと志の死

明けた１９６４年の正月のテレビ番組表にも目を向けてみたい。

いまも元旦の朝に総理大臣が年頭のあいさつと抱負を述べたりする番組はあるけれど、この年も時の総理・池田勇人の名が７時台の民放３局（日本テレビ、フジテレビ、ＮＥＴテレビ）に並んでいる。各局とも聞き手を変えて、時間も微妙にズレているから、同一番組ではないのだ。さらに、ＮＨＫも８時半から山岡荘八を聞き手に立てて、池田勇人の「新春党首訪問」という番組を放送している。が、池田さん、この年の９月には「喉頭ガンの前ガン症状」の発表があって、オリンピック閉会式翌日（10月25日）に退陣を表明、翌65年の８月13日に他界してしまう。

朝９時台あたりから、正月バラエティー的な番組がちらほらと現われる。

フジテレビの「新春歌謡メリー・ゴー・ラウンド」というのには〈ハッスル！１９６４年！〉とハヤリ言葉を使った副題が付いていて、舟木一夫、村田英雄、畠山みどり、こまどり姉妹、三波春夫、弘田三枝子……といった売れっ子歌手が名を連ねる。ざっと夜まで、この種の歌番組の出演者欄を見渡すと、ともかく目につくのは舟木一夫だ。

まあ、僕のアイドルだった舟木一夫と青春歌謡のスターについては後の章でたっぷり書くとして、当時小１の僕がお年玉をもらった後に、おそらくチャンネルを合わせたと思われるのが10時台の10チャンネル、ＮＥＴ。「ダーク・ダックス・ショー　あひるのお正月」というのと「東映まんが・狼少年ケン」が続いている。

ダークダックスは当時〝あひる〟のニックネームをよく使って、童謡のアルバムなんかを出していた。「よい子のために　あひるはうたう」というタイトルのシリーズ・アルバムを2、3枚持っていたが、それに入っていた「クラリネットをこわしちゃった」とか「わらいかわせみに話すなよ」とか、コミカルな好みの曲（詞の多くはサトウハチロー）がなつかしい。

「狼少年ケン」は前年11月にスタートした連続テレビまんが（まだアニメのフレーズは浸透していなかった）で、ちょうどこの正月（前年の暮れから）の時期は東映で映画版もやっていたはずだ。もう1本は『わんわん忠臣蔵』である。

その旨が小1時代の作文帳に綴られているので、原文のまま紹介しておこう。

ぼくと　ゆたかちゃんとママは　わんわんちゅうしんぐらと　おおかみ　しょうねんケンの　えいがをみに　バスにのっていきました。
しばらくして　とうとうえいがかんへ　つきました。ぼくたちは　えいがかんへはいりました。
はじめのうちは　まだ　せきに　すわれませんでしたが　わんわんちゅうしんぐらがおわって　おおかみ　しょうねんケンがはじまったとき　やっと　せきを　みつけました。

おおかみ　しょうねんケンの　おんがくが　はじまると　うしろに　いた　おにいさんや　おねえさんが　それにあわせて　うたいだしました。
ケンは　ともだちの　ポッポを　つれて　ケンの　きばを　白い　ライオンに　もらいに　いきました。
きばを　もらってからは　ケンは　まえよりも　つよく　なりました。

バスで行った——とすれば、わが家の近くを走っていた「伊勢丹」行の関東バスに乗って、伊勢丹の向こうの追分だんごの並びにあった新宿東映あたりだと思われるが、あの時代のにぎわった映画館のムードが回想される（〝ゆたかちゃん〟というのは弟）。

大晦日の番組表で「鉄腕アトム」にふれたけれど、前年63年は正月の1月1日にスタートしたアトムを皮切りに、「鉄人28号」（10月）、「エイトマン」「狼少年ケン」（ともに11月）とアニメ番組が続々と産ぶ声をあげた。「ケン」はそもそも東映動画の制作だったから、こうやってすぐに映画版が上映されることになったのだろう。

『わんわん忠臣蔵』の方の内容については書かれていないが、こちらは手塚治虫の原案構成で、どことなく「ジャングル大帝」っぽいムードがある。「忠臣蔵」とは、文字どおり映画公開の時期（12月〜）に合わせた動物たちの復讐劇で、とりわけ主人公のロックという犬が悪役のキラーというトラとジェットコースター上で闘う山場のシーンが印象的だった。これ、再映でも観ているが、このアクションシーンだけはオンタイムからの記憶、という意識がある。しかし、この作文の描写から察すると、もしや『わんわん忠臣蔵』の終盤で場内に入って、「ケン」を観た後、「忠臣蔵」の頭の方は観ずに帰ってきた可能性はある。

エンドロールで流れるテーマソング「わんわんマーチ」（詞・佐伯孝夫　曲・中村八大　歌・デューク・エイセス）は大好きだった。♬進め進めや、シッポをあげて〜〜　これ、いまも時折鼻唄が出てくる。

## 八波むと志が死んだ

さて、番組表にもどると、お笑い系の番組は寄席の他、エノケン（榎本健一）や三木のり平、由利徹、谷幹一……といった面々の名が並ぶ舞台コメディーも華やかだ。「てなもんや三度笠」や「スチャラカ社員」に代表される関西発の舞台コメディーではなく、関東のコメディアンが出るものがけっこうあって、うちのおばあちゃんがよく観ていた。贔屓にしていたのが、堺駿二。息子・マチャアキに受け継がれる軽快な動きは子供の目にも魅力的だった。

公開モノの舞台コメディーではないけれど、2日の夕刻に「新春かくし芸大会」をやっている。ひと頃まで、正月のフジテレビのキラーコンテンツになっていた人気番組、まだ4時45分〜5時55分という浅い時間帯だが、どうやらこの年が第1回目らしい。

植木等、藤田まこと、三木のり平、八波むと志……と出演者がクレジットされているが、八波むと志はこの翌日の3日夜中（4日早朝）に自動車事故を起こして、1月9日に世を去ってしまうのである。

これは子供心にもショッキングな出来事だった。前年12月の力道山の死、さらにその前月のケネディ大統領の暗殺……と、まだ祖父母が健在だった僕は、これら有名人の立て続けの訃報によって〝人が死ぬ〟ということの怖さ、切なさのようなものをぼんやりながら意識したのだった。

八波むと志は「紅白」の応援ゲストでも三木のり平と組んでいたように、駆け出しの頃からのり平に可愛がられていた。その63年大晦日の「紅白」の裏で、フジテレビが「雲の上団五郎一座　ブロードウェイへ行く」という劇場中継（録画）をやっている。ここに三木のり平のクレジットはないけれど、大元の「雲の上団五郎一座」の劇中劇「玄冶店」における、のり平の〝切られ与三郎〟と八波の〝蝙蝠安〟の絡みが大いなる評判を呼んだ。

尤も、それ以前から由利徹・南利明との脱線トリオ（56年～62年）がテレビ草創期の茶の間の人気者になっていたが、僕は残念ながらこの辺の八波はオンタイムでは知らない。

後年、映画の再映やＤＶＤで眺めた知識しかない。脱線トリオは東宝映画版の江利チエミの『サザエさん』シリーズにチョイ役で顔を出しているが、八波のピンの芝居で好きなのは、森繁久弥のサラリーマン・シリーズ『社長道中記』（61年・東宝）における〝コワモテのアンマ〟の役。

森繁社長が例のごとく、出張先の宿で下心たっぷりにマッサージを呼ぶ。塩沢とき扮するセクシーな女性マッサージ師が部屋の前まで来ていたところを、監視係の秘書・小林桂樹に止められて、替わりにやってきたのがイカつい顔に黒眼鏡をかけた八波。森繁、すでに床にうつぶせになっていて、すっかり女性と思いこんでいる。が、段々とおかしい感じに気づいていく。

八波は黒眼鏡を外して、イッちゃったような目つきをして、力強いアンマを続け、やがてプロレス技のようにエスカレートしていく。攻めの八波と受けの森繁の攻防は何度観てもおかしい。

ところで、先の「紅白」で江利チエミと立川澄人が「マイ・フェア・レディ」の劇中歌を歌っていたが、八波もこのミュージカルに出演していた。ヒロインの江利が演じる花売り娘・イライザ・ドゥーリトルの父親・アルフレッド・ドゥーリトルという重要な役だ。「紅白」で立川が歌った「運が良けりゃ」は舞台では八波の持ち歌だったものだから、「紅白」の方で立川と絡むような演出も、もしや考えられていたのかもしれない。

56年の3月から62年の9月にかけて、ブロードウェイでロングヒットした「マイ・フェアレディ」――垢抜けない花売り娘（ジュリー・アンドリュース）がダンディーな教授に導かれながら都会的なレディに変身していくというストーリーは後年の『プリティ・ウーマン』

の元ネタにもなった。64年に公開されたオードリー・ヘップバーン主演の映画もヒットしたが、それに先立って、63年9月から東宝（東京宝塚劇場）が〝日本初のブロードウェイミュージカル〟のふれこみで日本版の公演をスタートさせた。

知人でもある大先輩の評論家・安倍寧氏がこの日本版マイ・フェア・レディの誕生について語るトークショーがあって、お話を伺っていたら、宝塚歌劇を立ちあげた東宝の総大将・小林一三が早くからこういったアメリカの本格ミュージカルの輸入に興味をもっていたらしい。小林は、アチャラカなどの歌入り芝居が得意な菊田一夫に目を掛けていて、東宝の取締役に引き入れる。残念ながら小林は57年に他界してしまうが、そんな流れで前年の62年頃に菊田はフランキー堺を連れてニューヨークへ渡航、ブロードウェイでミュージカルを何本も観て「マイ・フェア・レディ」の日本版の構想を固める。この「マイ・フェア・レディ」の興行権については、63年秋に開館する日生劇場も柿落としの演目に狙っていて、ちょっとした〝日比谷エンタメ戦争〟が繰り広げられていた。

ところでなぜ、この時期だったか……というと、やはり61年の暮れに日本でも公開されて大ヒットした映画『ウエスト・サイド物語』のインパクトが大きかったようだ。

キャスティング、演出にはもちろん菊田一夫があたったが、配役は紆余曲折する。ヒロインのイライザ役は当初雪村いづみで固まっていたが、公演間近になって江利チエミに変更される。これ、「雪村の育児……」という事情がよく書かれているが、前年（62年）にチエミが新宿コマで演じた「スター誕生」の舞台を菊田が高く買っていた……のが一因、と安倍氏は語っていた。さらに、高島忠夫のヒギンズ教授の役も森繁久弥でほぼ決まっていたらしいが、週刊誌には以下のような説が載っている。

「ヒギンズの役が、はじめ森繁に内定し、その後、森繁が痛風で足を痛めたため、高島にその役が回ってきた……」

——週刊平凡63年9月12日号

江利の相手が森繁なら、さらにコメディー色の強い舞台になっていたのかもしれないし、八波の起用というのも森繁ありきで決まったものかもしれない。

公演は〈東宝ミュージカル特別公演〉として63年9月のひと月（29日まで）だったが、評判を呼んだこともあって64年正月からの再演が決まる。聖火ランナー姿の渥美清が走る紅白のオープニング映像にもその看板が写りこんでいたが、八波の交通事故はまさに「マイ・フェア・レディ」の正月公演中の出来事で、それが最期の仕事となった。

64年1月4日の読売新聞、事故の一報は——。

四日午前一時二十分ごろ東京都千代田区神田旅籠町二の一三さき都電松住町電停の安全地帯に喜劇俳優八波むと志（三七）（大田区梅田町三、本名坪田稔さん）運転の乗用車が衝突、車は前部を大破した。八波むと志と同乗の女性二人は頭を強く打って日大病院へ収容されたが、八波は脳内出血で重体（以下略）

同乗の女性2人は名古屋からやってきたバーのマダムとホステスで、マダムの女性は死亡した。

ところで、この八波の小さな事故記事の上には〈悪運つきた「西口」〉の見出しで前年から世間を騒がせていた連続殺人犯・西口彰が熊本で逮捕された一件がデカデカと報じられている。〈お手柄るり子ちゃん〉の見出しで、手配写真から西口を見破った10歳の少女の話が載っているが、こういう僕とも年の近い女の子が犯人を見つけたことはぼんやりながら憶えている。

さて、家族やファンの願いもむなしく、八波むと志は5日後の1月9日朝、帰らぬ人となった。

当時の週刊誌は「八波むと志　死の〝脱線〟前後　酔ったマイフェアレディが同乗したばかりに」（週刊現代）、「運がよけりゃ……運がよけりゃ　ああ、八波むと志の死」（週刊平凡）といった具合に見出し（こういうシャレもいまどきは通じないのかもしれない）を立てて記事を作っている。

色恋沙汰の憶測をまねくことになった名古屋のホステスは、「週刊平凡」（64年1月23日号）

の記事によると八波よりも三木のり平目当てに上京してきたファンだったという。

3日の夜は八波の出演している「マイ・フェア・レディ」を観劇、そのまま八波の行きつけの店、上野池之端のおでん屋「たこ久」に2人を案内した。

『『マイ・フェア・レディ』でオンチのオレが歌を歌っている。声がでなくなるといけないから……といって、お歳暮に自分がもってきてくれたブランデーを二杯飲んだだけでした』という店の人の談話が「週刊平凡」に載っているけれど、まぁ当時はこの程度の飲酒運転だったら咎める人はいなかった。が、事故は日を跨いだ4日午前1時過ぎ、女性2人を宿泊しているホテルに送っていく途中で発生した。

神田松住町の都電電停というのは、秋葉原西方の昌平橋交差点あたり。そう、当時の新聞縮刷版をめくっていると、夜更けにこの電停安全地帯の看板灯に衝突する車の事故がけっこうある。蛇足だが、「週刊平凡」に掲載された事故現場写真、すぐ脇に〝伊勢丹〟のシャッターが写りこんでいるが、ここはおそらく数年前まで〝碑〟が設けられていた、伊勢丹発祥の地だろう。そうか、まだ伊勢丹の店舗（倉庫か？）があそこに存在したのだ。

ちなみに、この「週刊平凡」の記事になかなか大した八波の〝事故遍歴〟が書かれている。「自動車の運転も以前は荒かったそうだ。多摩川の土手からおっこちて桜の木に正面衝突し、そのままバック・ギヤで土手の上へ車をもどしたと思ったら勢いあまりこんどは反対側に転落したり、四年前『東海道日本晴れ』（日劇初登場）出演中に、ふたのはずれたマンホールにルノーをつっこんで肋骨を折りながら、舞台では平気な顔で宙づりになったりしたというタフさ」

まるでドタバタ喜劇の1シーンのようだが、やはりこの人にハンドルを握らせない方がよかったのではないか……。

八波むと志の芸名は、「新青年座」に入った終戦直後の頃、先輩の山茶花究《さざんかきゅう》（3×3＝9）の向こうを張るシャレで座付作家の淀橋太郎が考案したものらしい。当初は八波六十四、（8×8＝64）とベタに表記していたというが、そんな男が♬運がよけりゃ〜と歌って64年の年頭にこの世を去る、というのも皮肉である。

小1の僕は、8×8＝64（ハッパロクジューシ）の九九をおぼえるにはまだちょっと早かったが、その名は「チロリン村とくるみの木」によって知っていた。

### チロリン村とひょうたん島

ＮＨＫの連続人形劇「チロリン村とくるみの木」が始まったのは56年の4月、僕の生年月と同じだ。もちろん初っ端からの記憶はないけれど、ピーナッツのピー子、タマネギのトン平、甘栗キントンくん、イタチのプー助、ハラペコ熊、がんこ村長、カマキリ先生、カッパのコン吉……といった主要キャラはすぐに思い浮かんでくるから、8年間の放送の後半くらいはよく観ていたのではないだろうか。

野菜とくだもの、動物たちが多少対立しながらも、おおむね穏やかに暮らす村の日常を描いた人形劇（作・恒松恭助　人形・劇団やまいも）、始まりの頃は夜6時台週1の30分番組だったというが、僕が観るようになった頃は6時前の15分の帯番組として定着していた。

ピーナッツのピー子は黒柳徹子、クルミのクル子は里見京子、タマネギのトン平は横山道代、イタチのプー助は一龍斎貞鳳、カッパのコン吉は桜京美……といった風に人気タレントが声優をやっていたが、八波むと志が担当していたのはガスパという名のスカンク。連日のように出てくるキャラではなかったけれど、クサいオナラをするスカンクってだけで、ウンチ系の下ネタに敏感な男児たちには人気があった。

おなじみのフレーズがあったなぁ……と思いつつ、それがなかなか思い出せなかったのだが、これを書くべくネットの古書店で入手した八波夫人・坪田秀子さんの著書『笑って、泣かせて　夫・八波むと志の一生』（82年・文化出版局）に出ていた。

作者・恒松恭助が八波に向けた追悼文の一節として引用されている。


私の期待どおりにガスパは小さなファン達の人気者になった。「うちのチビもね、ガスパが気にいって、トッテチットコテーットコなんてやるんだから……」と照れくさそうに録音のスタジオで私に話す八波君に、素朴な父親の顔を感じたものである。

そうそうそう……トッテチットコテーットコ、だった。この呪文のようなことを言いながら、すーっと登場したり、ハケていったりするのである。

そういえば、随分前にNHKの回顧系の番組で放送された「チロリン村」を録画したビデオ（VHS）があったはずだ。アナログのデッキをセットして再生すると、それは、「NHKライブラリー選集」という番組で、進行役の黒柳徹子の風貌、ビデオソフト自体の佇まいから察して80年代前半の放送と思われる。

番組内で紹介された「チロリン村」は、64年の4月2日、3日に放送された最終回とその前日の回で、スカンクはちらりと登場したが、無論声はもう八波ではない（八木光生に交替した）。トッテチットコテーットコのフレーズも聞けなかったが、忘れていたキャラクターの常套句がいろいろと思い出されてきて実になつかしかった。

ピー子（黒柳）の「〜だわさ」という言葉尻。ハラペコ熊（益田喜頓）が多発する「ハーフーホーへ」の吐息声。がんこ村長がにらみつけるようにしていう「じろ〜り」。レモン夫人がキレたときに放つ「キーッ」。ほとんど「ビブビブ」という赤ちゃん言葉のリアクションしかしないリップちゃんは、放送の途中で仲間に加わったのだ。ピー子たちが♬リップちゃん　リップちゃん　ツボミのリップちゃん〜〜という子守唄のようなのをよく合唱していたことを憶えている（番組リストの61年11月10日の回に「みんなの赤ちゃん」というのがあるから、これがデビューかもしれない)。

先に〝野菜族とくだもの族の対立〟と書いたけれど、初代村長は野菜族のトウモロコシ(長いアゴヒゲがトレードマーク)、その後、くだもの族のクルミのがんこじいさんに替わったという設定なのだ。最終回の1回前の4月2日の番組では、村の創立9周年を祝うお祭りが催されていたが、そこでみんなが輪になって踊る「チロリン村音頭」の歌詞にも、「野菜、くだもの、手を取って〜〜」という一節があった。

「チロリン村」とはいえ、どことなく戦後昭和風の町が作られている。「くだもの銀座」という庶民的な商店街があって、割烹着姿のオバサンたちもいるが、先のレモン夫人やバナナ夫人、といった当時シャレたイメージだったフルーツのキャラは〝山の手夫人〟の雰囲気で、オホホと笑ったり、ザーマス言葉を使って、パイナップルのキャラが営む洋食屋の前あたりでダベっているのがおもしろい。

そして、ピー子ら子供たちが通う学校に付設する教会があって、ここにカマキリ先生(神父)がいる。欧米人じみたカタコト言葉で説教をするカマキリ先生は印象的なキャラクターだった。バランスを取るように、左卜全が声を担当するジャガタラ和尚のお寺も置かれているのだが、こういうキリスト教の教会がシンボリックに設定され、そこで子供たちが学ぶという物語は、いかにもGHQの方針に影響された戦後民主主義教育の匂いを感じる。「鐘の鳴る丘」(先のマイ・フェア・レディと同じ菊田一夫のシナリオだ)の舞台に描かれた〝とんがり帽子の時計台〟のある孤児院はキリスト教施設と特定はされていないけれど、ああいう物語が「チロリン村」のベースになっているのではないだろうか。

この「チロリン村」が終わって、翌週の4月6日から始まるのが「ひょっこりひょうたん島」だ。〝村〟と〝島〟というのは、コアなテリトリーとしては一致するものがあるけれど、ここでガラリと時代感覚が変わった印象がある。

色彩的には白黒とカラー。尤も、「チロリン村」も最後の1年くらいはカラー放送されていたというが、わが家のテレビは白黒だったし、残された画像は白黒のキネコということもあってカラーのイメージはない。それをいえば、「ひょうたん島」も放送自体はカラーとしても、わが家がカラーテレビを導入したのは67年の初め頃だから長らくは白黒で観ていたことになる。が、こちらはカラーで撮影された宣材などが早くから出回っていたせいもあるのだろう、スカイブルーの海上を鮮やかなグリーンの島が漂流、真っ赤なタコが出現したりする、冒頭のタイトルバックの画像はカラーではっきり記憶されている。

そして、なんといっても、そこに流れるジャズ&ロック風味のテーマソングが刺激的だった。

♬パッ、パッ、パラッパ、ンパ、パラパパ～というブラスのイントロ。これがまず耳に残る。

♬波をチャプチャプチャプチャプチャプ～～

続く前川陽子の歌唱も実にダンサブルだった。

それに比べると、前作「チロリン村」の曲は牧歌的だった。

♬ランランチロリン　野菜村〜〜

こちらの歌はペギー葉山だが、作曲は「チロリン村」も「ひょうたん島」も同じ宇野誠一郎なのである。

作家は恒松恭助から井上ひさしと山元護久に替わったが、村と島とで子供と大人が入り混じって物語を紡ぎ出していく構成は重なるものがある。がんこ村長→ドン・ガバチョ大統領、カマキリ先生→サンデー先生……と前作をベースにしたと思しきキャラも見あたる。動かなかった村を島に変えて漂流させた、というアイデアが素晴らしい。１９６４年というエポックな年のムードに合っている。

と、書いてきたところで、ＮＨＫの人形劇についてもう少し書いておこう。

「チロリン村」も「ひょうたん島」も夜6時前の15分帯番組だったけれど、これは月〜金までで、土曜の同じ時間は「ものしり博士」というのをやっていた（木曜だった時期もあるらしい）。

これは、人形劇とまではいえないかもしれないが、ケペル先生という、イギリスあたりの厳格な教授風のマペット人形が出てきて、子供たちが投げかける質問（主に科学や歴史のナゾ）に答える……いわば〝ためになる子供番組〟といったタイプのものだった。

毎回、おきまりの口笛メロディーで始まる。

♬ ピッピキピーラ　ピッピキピ
ピッピキピーラ　ピッピキピ
ピュイピ～

音をカタカナ書きしたところで、知らない人には「なんのこっちゃ？」って感じだろうが、思いあたる人にはこれでピンとくるだろう。こういう口笛があって「ケペル先生、こんにちは」と子供たちが呼びかけると、書斎のデスクについたケペル先生「やあ、こんにちは！」とあいさつをして「なんでも考え、なんでも知って、なんでもかんでもやってみよう」「さて、きょうは……」とキマリのナレーションを語って、本題に入る。

ケペル先生の声を担当するのは熊倉一雄。「ものしり博士」は61年春から69年春までの放送だったが、「ひょうたん島」を放送していた時期は、ウィークデーに〝海賊とらひげ〟、土曜に〝ケペル先生〟と、全くタイプの違う熊倉の声を夕食前に聞かされていたのだ。

さて、土曜までできたら日曜も。日曜日の番組編成は割と小刻みに変わったが、この64年頃は「チロリン村」や「ひょうたん島」と同じ6時前の15分枠で「銀河少年隊」というのをやっていた。

この番組、さほど真剣に観ていたわけではないのだが、やはりこれも手塚治虫原作のSFもので、タイトルのとおり、地球の安全平和のために銀河系をパトロール、警備する少年たちの物語。宇宙船の模型や人形キャラクターのシーンが主体だったはずだが、アニメーションも織りこまれていて、翌年（65年）くらいに始まる「宇宙人ピピ」（実写とアニメの合成）にも通じる実験作の雰囲気があった。

物語の内容よりも、テーマソング（エンディングで流れていたイメージがある）が耳に残っている。

♬銀河の輝きを～～ぼくらの～～

冨田勲作曲の実に美しいメロディーなのだが、少年合唱団（上高田だったか？）の高音気味の合唱は詞が聞きとりにくい。

♬ロック　ロック　ロック　銀河少年隊長～

後半にそんな一節があって、僕はずっと主人公の名を「わんわん忠臣蔵」と同じ〝ロック〟と思いこんでいたのだが〝ロップ〟が正解だとごく最近知った。

# 第3章 吉永小百合と草加次郎

新聞のテレビ欄を拠りどころに64年の年頭風景について書いてきたが、当時の芸能界を知る上で「平凡」と「明星」という2大月刊誌は重要な資料といえる。本書の編集人がかつてマガジンハウスに勤務していた、という縁もあって、往年の「平凡」のバックナンバーを調べる機会を得た。

「平凡」64年1月号の表紙は紺のスーツ姿の高橋英樹と白いパーティードレスを着た和泉雅子なのだが、赤い地色をバックに〈たのしいクリスマス号〉とサブタイが銘打たれているから、これは63年のクリスマス前、11月下旬くらいに発売されたものだろう。

実質的な新年号は次の2月号で、こちらは晴着の吉永小百合と橋幸夫が日章旗と思しき赤丸を背にして表紙を飾っている。表紙をめくると、冒頭カラーグラビアページは横長の折り込み仕立てになっていて、ここに〈歌う白浪五人男〉と題して、坂本九（日本駄右衛門）、三田明（弁天小僧菊之助）、北原謙二（忠信利平）、守屋浩（赤星十三郎）、橋幸夫（南郷力丸）の５人が派手な化粧を施した歌舞伎役者のスタイルで並んでいる。

おや？　舟木一夫が欠けてるな……と思ったら、続くモノクロのグラビアページで学生服から背広姿に衣替えして、ちょっとオトナっぽくなった舟木クンのポートレート特集が組まれている。ちなみに御三家のもう１人、西郷輝彦がデビューして頭角を現わすのは64年後半のことで、橋幸夫、舟木一夫の後続のポジションには「美しい十代」でブレイクした三田明がいた。

〈スターいろはかるた〉という、オリジナルのかるたを並べた見開きページを見つけたが、目についた文句をいくつか紹介しておこう。

ち　チエミちゃん　マイ・フェア・レディで　お正月
た　大鵬の　肌に　血がさす　大勝負
や　八重歯の　ヤエちゃん　舟木一夫
み　見たか　聞いたか　三田明
せ　世界一　空手バクハツ　力道山
す　スキヤキを　歌って食べて　九ちゃんハッスル

63年12月に他界した力道山もかるたに読まれているけれど、編集工程を考えて、おそらくこれを作っている段階で力道山はまだ生きていたのだろう。

「ゆ　百合より　かわいい　小百合ちゃん」なんて1枚もあるが、この時期の芸能誌の表紙をはじめとした看板ページを支配していたのは、橋や舟木ら青春歌謡の歌手勢ではなく吉永小百合だった（尤も小百合の歌も〝青春歌謡〟のジャンルではあったが）。

『「明星」50年　601枚の表紙』（集英社新書）という本に「明星」の歴代表紙が掲載されているが、こちらも新年号の64年2月号は吉永小百合（62年、63年と3年連続）がピンで務め、とくに63年の後半あたりからは、10月、12月、この64年2月、さらに7月、10月、12月ともものすごいペースで表紙をやっている。

テレビには、さほど頻繁に出ていたわけではないけれど、出演した映画リストをチェックすると、63年＝11本、64年＝9本、と凄まじい。歌手としてのヒット曲は橋幸夫とデュエットした「いつでも夢を」と「寒い朝」くらいしかこの時点ではなかったが、清涼な声質の歌手・小百合にも根強いファンはついていた。

そして、仕事が忙しかった63年は物騒な事件にも巻き込まれて、それが彼女の存在をより神格化させる一因にもなった。

「平凡」63年12月号の浜田光夫との対談で、共演してきた映画のエピソードを和やかにやりとりした後、こんな一節がある。

**浜田**　また来たんだって？　脅迫状
**吉永**　ついてないワ。
**浜田**　草加次郎
**吉永**　そうじゃないらしいの。家を爆破してやるって……。
**浜田**　連鎖反応だな。だれかがやると、ほかの者がまねするの。そういうのは、たいてい大丈夫だよ。

吉永　気にはしないけど、連鎖反応でこういうことされちゃ……。吉展ちゃん事件なんかもあるでしょう。いやねぇ。

浜田　さいわい、ボクの方は、被害ないけれど……。

吉永　ピストル事件や、草加次郎事件なんて、せっかく、忘れようとしているのに……本当にイヤ。私たちだって一生けんめい映画撮ってるんだから……。

たわいない芸能人対談の文脈で、不穏な事件話が語られている感じが異様だ。「草加次郎事件」の説明は後回しにして、翌64年1月号の吉永と舟木一夫の対談でも、ファンレターの話題から脅迫事件のことがもち出されている。

吉永　ファンレターがすごいんですってネ。

舟木　さいきんは数えたことがないけれど、日に二千通以上来るんじゃないですか。吉永さんも大変でしょ?

吉永　舟木さんにくらべれば……。それでも千通以上来るかしら。

舟木　返事はいちいち出来ないし、もっか悩みといえば、まず一番にこのことですね。

吉永　何が入ってるか、わからないし……。

舟木　よくしらべてないけれど、中には草加次郎のようなのもあるかもしれないな。

**吉永**　一時は手紙ノイローゼだったり、小包なんかもお巡りさんにあけていただいたりして……。

**舟木**　ドカンと来たらハイそれまでよですからね。（笑）

いまどきのアイドルが自らに降りかかってきたストーカー騒動について語っている、と考えると、この明るいムードはたくましい。この種の対談は記者がいいように構成していた、と聞いたこともあるが、それにしても「ドカンと来たらハイそれまでよ」みたいなオチはもう使えないだろう。ネット時代なら〝大炎上〟モノである。

## 草加次郎とは……

再三話題にされている草加次郎、この舟木対談には〝そうか〟とルビが付いているが、浜田対談の方にルビはなく、いまも〝そうかじろう〟と読む人と〝くさかじろう〟と読む人とがいる。埼玉の地名・草加（そうか）に「草嚙じろう」みたいな貧困生活を思わせる言葉を掛けた……なんて説を唱える人もいる。

草加次郎の名を語った一連の脅迫（爆弾）事件の始まりは62年11月4日、島倉千代子の後援会事務所に爆発物が郵送されて事務員が負傷した。この郵送物に〝草加次郎〟の名が記されていたわけだが、以降この年の暮れにかけて都内各所で爆発物事件が相次いで発生、島倉の事件を皮切りに、現場は有楽町のニュー東宝、日比谷劇場など、芸能好き（劇場型志向ともいえる）の犯人をイメージさせた。

しばらく鳴りをひそめた後、63年5月から7月にかけて、吉永小百合宅に相次いで草加名義の脅迫状が届く。さらに渋谷の東横デパートでも脅迫電話と時限爆弾騒ぎがあり、9月5日に地下鉄銀座線車内に仕掛けられた爆発物によって10人の重軽傷者が出た。さらにその直後、再び吉永宅に現金百万円を要求する脅迫状が郵送される。ちなみに、この脅迫状、9月9日午後7時10分の上野発急行十和田に乗車して進行方向左側のデッキから外を眺め、懐中電灯の点滅指示の場所に現金を投下せよ……といった、63年春にヒットした黒沢明映画『天国と地獄』に使われた方法をほぼパクったものだった。

この辺からも犯人（模倣犯も含めて）のミーハー性が窺えるが、9日夜に常磐線沿線で『天国と地獄』ばりの大捜査劇が展開されたものの犯人は現われず、事件は収束していく。

9月の吉永宅と同じ頃に鰐淵晴子宅にも百万円を要求する脅迫状が送られ、また「平凡」のアンケート（スターに脅迫体験を尋ねる）でも、橋幸夫や本間千代子が「草加」を名乗る男からの脅迫電話のエピソードを語っているから、ちょっとした〝流行〟になっていたようだ。また、そういう体験を語ることがスターの証し、のようにもとれる。

そして、吉永小百合は63年8月、草加事件とは別のピストル強盗にも襲われていた。

九日夜東京・渋谷区西原の日活スター吉永小百合さん（一八）宅にピストルを持った賊が押入り逮捕に向かった代々木署員一人を撃って重傷を負わせた。賊は武装警官と室内で三十分余りにらみ合った末ピストルを捨て殺人未遂などで代々木署に逮捕された。同夜は小百合さんはじめ家族五人がそろっていたがいち早く避難して無事だった。

——63年8月10日　朝日新聞

ここは記事冒頭のリード的扱いの部分なのだが、本文の方には住所の番地まで細かく書かれ、「吉永さんの家」なんて記した略地図まで添えられている。当時は芸能誌のスター名鑑にまで自宅の住所が細かく載っていたものだが、こういう事件報道まで含めて〝プライバシー〟という見地が欠落していたのだ。

そして、この一件、浜田との対談より2号前の「平凡」（63年10月号）に、妙にリアルな読みもの調のタッチで報道されている。

去る八月九日夜十時ごろ、日活の吉永小百合さんの家に、ピストル強盗が押入りました。この日小百合さんは撮影がなく、かねてから勉強中の大学入試資格検定試験を終わって帰宅。下の居間で一家五人でテレビをたのしんだ後、妹の真智子さんと二人、勉強のため二階の居間に入りました。すると中であやしい男がゴソゴソ室内を物色中。妹の真智子さんが先に発見「キャーッ」と叫んで小百合さんと階段をころげ落ちました。さあ、それからが大さわぎ。沈着冷静な、お父さんがまず母子四人を下の部屋に避難させる一方、姉の玲子さんが一一〇番に急報。お父さんはこん棒をもって階下にというものものしさ。小百合さんたちは部屋の中で電燈を消し恐怖にふるえていました。

10月号というと、先述した新年号の号数計算にてらし合わせても仕上がるのは8月中だろうから、事件からすぐに執筆した原稿と思われるが、実に描写が細かい。警察の事件調書をもとにしたのだろうか。そして、リアルな一方、物語調の文体になっているあたりに奇妙な味がある。

この男、新聞の第一報には「金欲しさに有名人宅を狙った」等の供述が載っていたが、やがて〃ヘビーなサユリスト〃であったことが判明する。「平凡」の記事の続きにこうある。

熱烈な吉永ファンで、自分の名前を大好きな小百合さんに入墨しようとこの計画を思い立ったという変質者。手製のピストルをもち一カ月も前からこの日の来るのをねらっていたといいます。

男は工場勤めで、手製のピストルを作る技術をもっていたらしい。

ところで、この物語タッチの事件記事を読んでいて、ふと思い浮かんできたのは、まだ子役時代の吉永小百合が出演していた子供向ヒーロー活劇「まぼろし探偵」。この当時より3、4年前、僕が幼稚園に通っていた頃の番組だが、吉永は主人公の少年のガールフレンド的存在の科学博士の孫娘（吉野さくら）に扮していた。後年、再映やDVDで観直したので、ストーリーも明確になったのだが、彼女はよくこういう賊に襲われていた。

僕よりちょっと年長の人は、小百合ちゃんにふりかかる物騒な事件に「まぼろし探偵」のシーンを重ね合わせたのかもしれない。

先に、吉永小百合宛ての草加次郎名義の脅迫状は、63年5月頃から送りつけられていた、といったことを書いたが、改めて新聞記事を調べてみたところ、5月から7月頃にかけての脅迫状が発見されるのは9月の最後の脅迫の際で、「平凡」の舟木一夫との対談で語っているとおり、山のようなファンレターに紛れてわからなかったのである。8月のピストル強盗があったので、不審な手紙がないか、改めて調べ直したのかもしれない。

そして、5月頃からの草加の脅迫状の局印が、すべて上野の「下谷」局というのも興味深い。この時期の社会面で目につくのは、3月末日に下谷で発生した「吉展ちゃん誘拐事件」の続報なのだ。草加次郎を名乗る男は「吉展ちゃん」を意識して、下谷周辺から脅迫状を投函していたのかもしれない。

ところで、吉永小百合を紹介する一文を眺めていると、〝日活の〟とか〝日活スター〟とか、まだ映画会社の力が強かったことがよくわかる。ピストル強盗に遭った8月に『美しい暦』、9月に『波浮の港』、11月に『真白き富士の嶺』が封切られて、64年正月の新聞には『光る海』といった具合に、すべてヒロインの日活映画がほぼ隔月ペースで公開されているのだからすごい。

64年のオリンピック直前の9月には、『愛と死をみつめて』が封切られるが、この話題作については別章で改めてふれたい。

わが家の近所に日活系の映画館はなく、日活アクションや青春映画を観るにはちょっと年少だったので、オンタイムでのスクリーンの吉永小百合の思い出はない。

ただし、62年に橋幸夫とデュエットして大ヒットした「いつでも夢を」をベースにした同題の映画は、その後テレビの再放送やＤＶＤで何度か観た。

## 吉永小百合と東京風景

映画が封切られたのはレコードヒットの翌年、63年の1月(正月映画第2弾)だった。曲の方に特定の町は描かれていなかったが、こちらの映画はオリンピック直前の東京が舞台になっていて、僕のような〝東京マニア〟にはその風景も興味深い。

下町の工業地帯で暮らす若者たちを主人公にしたストーリーなのだが、ヒロインのピカちゃんこと吉永の家は荒川端の西新井橋近くの町医者で、ちょっとした背景に撤去寸前の〝お化け煙突〟が映りこんでいる。千住桜木町に存在した東京電力火力発電所の煙突のことだが、見る場所からの角度によって4本の煙突が重なって3本、2本、1本と数を変えることから、そんな愛称で親しまれていたが、老朽化を理由に映画公開直後の63年春には稼働を停止して、オリンピック直前の64年夏に取り壊された。

わが家は東京西部だったので、お化け煙突は日常眺められるものではなかったけれど、お墓が松戸の八柱霊園にあったので、墓参りに行く途中の常磐線車中から窓の遠方に眺めた印象がある。それも撤去寸前の頃に違いない。当時の常磐線には傷痍軍人がよく乗っていて、もの哀しいアコーディオンの曲を奏でながら車内を往来していた光景が、車窓のお化け煙突とともに幻想映画の1コマのように記憶される。

映画のストーリーに戻ると、吉永と同じ定時制の高校に通うボーイフレンドに浜田光夫がいて、もう1人、吉永とひょんなきっかけ（自転車の接触事故）で知り合う運送屋のトラック野郎を橋幸夫が演じている。「潮来笠」を口ずさみながらトラックを運転する、ガラッパチなキャラの橋がいい味を出している。こういう青春歌謡映画の場合、吉永と浜田のような俳優コンビによる真のカップルの脇で、恋や仕事の相談などに乗ってやる若干アウトローなナイスガイ、みたいなポジションを橋や舟木が務めることがよくあった。彼らを脇役に据えるのは演技力やタイトなスケジュールのせいもあろうが、もう1点、熱狂的な女性ファンへの配慮、という事情もあったと聞く。

劇中、橋の母親役の飯田蝶子が東京を訪ねてきた折に、仕事でつきあえない橋に替わって、吉永と浜田が飯田を東京タワーに連れていってあげるシーンがある。東京タワーは誕生して5年になろうとする頃で、確か僕がおじさんに初めて連れていってもらったのも同じ頃だったはずだ。

展望フロアーに望遠鏡が並ぶ光景（10円入れて遠方を眺望するのだ）がなつかしいけれど、ここで浜田と吉永が自分たちの暮らす下町の工業地帯の方を眺めながら、「荒川がキラッキラッ輝いてるぜ」「工場の煙突がどんどん煙を吐いている」などと、わが下町の工業地帯を伸びゆく高度成長時代の日本のエネルギー源、のように誇らしく語り合うのが印象的だ。

吉永はこの後、『若い東京の屋根の下』という映画に出て、♬山の手も下町も〜〜ってテーマ曲をやはり橋幸夫とデュエットしていた。こちらの映画では確か山の手側の久が原あたりのまああのお屋敷に住むＯＬ（当時風にいえばＢＧ）役だったが、ともかく吉永小百合はオリンピック前夜の東京という街を象徴する女優だった。

映画撮影の合い間やプロモーションで出演した歌番組で強い印象が残っているものに、これまた橋幸夫とデュエットした「そこは青い空だった」という曲がある。64年4月のレコード発売というが、橋がパイロット、吉永がスチュワーデス姿で歌う〝コスプレ歌謡〟

だった。

♬ 北の端から　南の端から
夢のジェット機　727《セブンツーセブン》
恋をしました　お相手は
紺のスーツに　紺キャップ

というこの歌、詞にあるように「ボーイング727」の全日空での就航を宣伝するキャンペーンソングだった。

日曜日の昼の玉置宏が司会をする「ロッテ歌のアルバム」なんかで何度か観たおぼえがあるのだが、彼らの出のところで空港ロビーの出発アナウンスみたいなSEをわざわざ入れこんで、気分を盛りあげていたような気がする。

佐伯孝夫（詞）と吉田正（曲）の黄金コンビによるこの曲、詞を読むとどうやらスチュワーデスとパイロットの恋を歌っているようで、サビのあたりでスチュワーデス姿の吉永とパイロット姿の橋が見つめ合ったりするシーンが子供の目にもちょっとエロっぽかった。

ボーイング727はこの年の初めにアメリカでデビューした最新鋭のジェット旅客機で、日本では全日空がいち早く導入、ANAの花形機となった（日航も少し遅れて導入する）。

727（セブンツーセブン）という呼び名は僕ら子供の間にも浸透していたから、少年マンガ誌なんかにもかなり頻繁に紹介されていたのではないだろうか。この年の秋に開通する東海道新幹線ばかりでなく、64年にはこういう〝空の超特急〟も誕生したのだ。

新幹線……といえば、車窓越しによく見る〈727COSMETICS〉の看板、ひと昔前は〈727化粧品〉と表記されていたが、あの化粧品メーカーももしや64年の727ブームにちなんだ社名か？　と思った。が、ホームページの〝沿革〟を眺めると、創業が1945年の7月27日……とあるから、由来はこちらだろう。ボーイング727より先に727を名乗っていたのだ。

この曲の話にもどると、当時のお約束で、歌に連動した映画も作られた。『大空に乾杯』という映画、「NIKKATSU（にっかつ）」のホームページでダイジェスト映像を観ることができるが、吉永ら新人スチュワーデスの面々が厳しい研修でドジを踏んだりしているシーンが流れているから、これは「スチュワーデス物語」や「アテンションプリーズ」の先駆け的な作品、といっていいだろう。しかし、この映画、66年2月25日の公開とあるから、先のレコード発売と2年近くブランクがある。

おや？　66年2月というと、羽田沖に全日空の727が墜落した事故（2月4日）からまもない頃ではないか。他にも飛行機事故が頻発した時期ではあったが、当時はその辺無頓着だったのか、あるいは敢えてイメージ回復に公開に踏み切ったのか……ちょっと気になる。

さて、時を64年に戻すと、この年の吉永の曲にもう1つ「フレッシュ東京」というのがあった。東京オリンピックの前夜、さらに後夜には「東京」と銘打った歌謡曲が続々と世に放たれた。三波春夫の「東京五輪音頭」は言うまでもなく、「東京の灯よいつまでも」(新川二朗)、「ウナ・セラ・ディ・東京」(ザ・ピーナッツ)、「サヨナラ東京」(坂本九)……他にもタイトルに〝東京〟はなくとも、新しい東京の街を舞台にしたラブソングが時流だったのだ。

吉永の「フレッシュ――」はさほどヒットしたわけではないけれど、オリンピックを念頭にした東京のPRソング的な作品だった。作り手はいつもの佐伯孝夫と吉田正のコンビ。

♬ フレッシュな朝がくる　また朝がくる
どうして東京　こんなにも
うっとりさせるの　ひきつける

なんて感じで進んできて、後半はとりわけオリンピックの行進曲調にまとめられる。

♬ 歌う東京　花の街々
今年こそ　今年こそわが東京は

## 世界の東京　フレッシュ　TOKYO

レコードジャケットに掲載された歌詞も最後の東京はわざわざ〝TOKYO〟と表記されているが、そうだ、オリンピックに向けてブームになったワッペンなどを中心にヨコモジの〝TOKYO〟が1種の流行語になっていったのだ。

おそらく〝フレッシュ〟という表現もトレンディーな響きがあったのだろう。

こういう、国際都市・東京の若者を代表するような、優等生的な曲を歌わせるには吉永小百合が打ってつけだろう。「フレッシュ東京」を歌番組で歌っていた姿は、先の「そこは青い空だった」のように明確には思い浮かんでこないが、オリンピック選手団が着るような、胸にエンブレムの付いたブレザールックなんぞが想像される。

ところで、63年夏のピストル強盗事件についての「平凡」記事の一節に〝大学入試資格検定試験〟のくだりがあったけれど、多忙で精華学園女子高校を中退していた彼女はこの〝大検〟をクリアー（全科目合格ではなかったというが）し、65年春に晴れて早稲田大学第二文学部に入学した。

いわゆるインテリ女子大生タレントの先駆けでもあった。

# 第4章

# 舟木一夫がアイドルだった

わが家の裏の狭い私道、というか、途中から民家の隙間《すきま》のネコ道のような感じになってしまう筋を歩いていくと、小児科医院の脇の石段を下りた先にもう1つ路地があって、そこを左に曲がったところに「タカハシ」という理髪店があった。

大晦日の茶の間の描写に出てきた富士銀行のカレンダーの下方あたりに画鋲でとめて貼り出されていた町内会の地図をいまも持っているのだが、この地図に〝理容〟とか〝バー〟とかの表記もなく、ただ「高橋」と一般民家のように掲載されているから、近所の客を相手にした地味な床屋だったのだろう。ちょっと先を幹線道路の目白通りが走っていたが、表通りからは5、6軒奥へ入ったこの店の並びは普通のお宅だった。ただし、店の門前には赤と青のシマシマ模様のサインポールが立っていた……と思う。散髪を終えた後に、サインポールによく似たシマシマ模様の紙に包まれたミルキーを薄めたような味のキャンディーをもらえるのが楽しみだった。

このタカハシであるとき〝舟木一夫のヘアスタイル〟にしてもらったことがあった。額に前髪をおろした〝坊っちゃん刈り〟のような、スポーツ刈りのようにも見える髪型のフロント左側の一画を半月型にくりぬくようにカットした、独特のスタイル。ちなみにこのタカハシという店は、新道路（いまの新目白通り）の用地にひっかかって、確かオリンピックの頃には新井薬師の方に移転してしまったはずだから、僕が舟木一夫カットにしたのは63年のデビューから64年にかけての頃、小1から小2の初めあたりだろう。

うーん、しかし、当時はけっこう引っ込み思案のタイプだったから、そういうことを自分から言い出すとは思えない。前にも書いた、お手伝いのチヨくんあたりに、そそのかされたのかもしれない。

ともかく、舟木一夫は当時の僕のアイドルだった。年少の男の子にとっての〝兄貴的存在のスター〟と考えていいだろう。記憶を辿ると、そういう対象としては、まず「ステキなタイミング」（♬タイミン、ティカティカティカ〜〜）を歌っていた頃の九ちゃん（坂本九）がいて、それから植木等、そして舟木一夫という順。坂本九や植木等の存在を知ったのは、主に夜のゴールデンタイムにやっているポップス系のバラエティー番組（シャボン玉ホリデー、ザ・ヒットパレード、マイマイショーなど）だったが、舟木を初見したのは日曜日の昼どきから夕方にかけて編成されている「ロッテ歌のアルバム」をはじめとする歌謡曲系のショー番組だろう。当時、コロムビアやビクター、キングなどの大手レコード会社が主催する歌番組がいくつかあって、おばあちゃんがその種の番組を好んでいた。

各社の人気歌手が集まる「歌のアルバム」の司会はご存知・玉置宏だったが、コロムビア系の番組の司会はトップ・ライトか青空千夜・一夜（さらに青空一門の若手）で、他にも小野栄一やら宮尾たか志やら新山ノリロー・トリローやら、レコード会社各社に定番の司会者（だいたい漫談家や漫才コンビ）が付いていた。

舟木一夫が「高校三年生」でデビューしたのは63年の6月、レコード（シングル盤）発売のリストを見ると、以後「修学旅行」(63年8月)、「学園広場」(10月)、「仲間たち」(11月)……初期のヒット作が吉永小百合の映画ばりのタイトなペースで出ているのがすごい。わが家にその辺のヒット曲が収録された「舟木一夫　花のステージ」というLPアルバムがあった。

グリーンの地色を背景に、トレードマークの黒い詰襟学生服を着た舟木一夫が、左側の横顔(半月型部分を前に)を見せるように構えたジャケット。そう、口もとの右側にチラリと覗く八重歯もチャームポイントだった。

このLPについて、20年ほど前に出した自著『僕の昭和歌謡曲史』(講談社)には〝父の知人からプレゼントされ〟と経緯が書かれているのだが、どういう知人からもらったのかどうかもいまとなってはハッキリしない。

メインの曲「高校三年生」に関してはこの本にも書かれているが、「赤い夕陽が校舎をそめて」の後に出てくる「ニレの木陰」というフレーズが耳に残った。ニレは子供にはあまりなじみのない樹木だったから、不意に〝ニラ〟を連想して、なんとなく苦い香りがこみあげてきたことを憶えている。

フォークダンスの描写も印象的だった。

「僕ら　フォークダンスの手をとれば
甘く匂うよ　黒髪が～～」

僕のフォークダンスの記憶はこれより4、5年後、小学校高学年の体育の授業でやるオクラホマミキサーやマイムマイム……あたりが最初だから、小1の頃にオンタイムで「高校三年生」を聴いて、男女のフォークダンスの描写にビビッと反応したわけではない。

しかし、後年、監修を頼まれた昭和のニュース映画のＤＶＤを眺めていて、こんな奇妙なニュース映像に出会った。

〈もめたフォークダンス〉というタイトルを付けた63年のニュース。愛知県岡崎市の高校の校長が、ハヤリ始めた昼休みのフォークダンスを「恋愛を奨励する淫らな行為」という理由で禁止令を出した……というもの。結局この保守的な校長は若い教師や生徒たちから総スカンを食らって、教育委員会からも説得されてフォークダンスは再開、カメラは苦々しい顔でフォークダンスの光景を見つめる校長をとらえながら「校長先生はいささか不満な面持ち、トンだフォークダンス騒動でした」と昭和のニュース映画調のナレーションで締めている。

岡崎は舟木一夫の出身地・愛知県一宮からも近いし、コレてっきり「高校三年生」のブームに準じたネタ……と思っていたら、舟木のレコード発売は63年6月5日、ニュース映画の日付データは63年5月22日で、こちらの方がちょっと早いのだ。舟木と同郷の高校、というのは偶然として、すでにこの歌より前にフォークダンスが高校生たちに浸透していたということだろう。

ところで、このアルバムで頻繁に針を落として聴いたのは、テレビの歌番組ではあまり歌わない「只今授業中」とか「よく遊びよく学べ」といった、ちょっとコミカルな学園ソングで、とくに「只今授業中」の〝A・B・C・D・E・F・G〟というアルファベットの連呼コーラスと〝ABかっこ　ええ（良い）格好〟というダジャレめいたフレーズの箇所が耳に残った。

手元にもう1枚、「舟木一夫ヒット曲集」というソノシートがあるのだが、〈昭和40年4月5日発行〉の記載があるこちらは、デパート（西武か伊勢丹か……）のレコード売り場で弟と一緒に物色して買った記憶がある。〈ステキな20才の歌声〉というイメージタイトルを付けて、もう学生服ではなく、カジュアルなセーターなんかを着こなしたスナップが冊子に掲載されている頃だが、このソノシートに収録された「あゝ青春の胸の血は」「君たちがいて僕がいた」「おみこし野郎」「花咲く乙女たち」といったナンバーは、デビュー2年目の64年の曲で、僕が最もハマッていた時期のナンバーといえる。

そう、ひと頃のあの〝森友学園〟の騒動の折、籠池という理事長が当初学園の校歌としてこの「あゝ青春の胸の血は」を採用、ニュースでメロディーが流れていた。もちろん許可など取っていないのだろうが、「高校三年生」ではなく、ちょっと通な「あゝ青春――」を使うあたり、ああこの人も舟木一夫に熱中した世代なのだなぁ……と思ったものだ。

♬あ、あ〜ふれる若さ〜〜と、わざとリズムに乗りおくれたように歌い出す「あゝ青春の胸の血は」は大好きな曲だったが、歌番組で披露する曲はすぐに「君たちがいて僕がいた」に替わってしまった記憶がある。調べてみると、前者が64年1月、後者が3月の発売で、この頃も新曲のペースが実に早い。

橋幸夫（吉永小百合）の「いつでも夢を」などと同じように、舟木のヒット曲も次々と映画化された。オンタイムで劇場で観た舟木映画というと、もう青春歌謡がGS（グループサウンズ）ブームに飲みこまれていた67年12月、『怪獣島の決戦　ゴジラの息子』と併映された『君に幸福を　センチメンタルボーイ』という東宝作品になるけれど、64年5月に東映系で封切られた『君たちがいて僕がいた』は、わが家から割合と近い西武池袋線・東長崎駅手前の神社の脇にあった長崎東映って映画館の大看板で眺めて、観たいなぁ……と思ったことをよく憶えている。看板に描かれた舟木の相手役・本間千代子のセーラー服が妙に目に焼き付いている。

舟木の相手役は大映の姿美千子、日活は和泉雅子か松原智恵子、東宝の「君に幸福を」の相手は内藤洋子だったけれど、東映の本間千代子は僕も大のお気に入りだった。最初に熱をあげた女性アイドルということになると、本間千代子かもしれない。

レコード会社がコロムビアだったということもあって、よく舟木と同じ歌番組に出てきて「純愛の白い砂」って曲を細高い声で歌っていた。そして、「君たち——」が上映された64年は「少年忍者　風のフジ丸」の終盤、〝忍術千一夜〟のコーナーで、甲賀流の忍術師範・

初見良昭先生の忍術解説にフンフンと相槌を打つホステス役を務めていたから、子供たちにもなじみのおねえさんだった。

後年、CSチャンネルの再映で眺めた映画で、印象深いのが『仲間たち』という日活作品（64年3月）だ。この相手役は松原智恵子。川崎の工場街を舞台にした話で、松原が路線バス（川崎鶴見臨港バス）の車掌に扮している――という点でも僕のようなバスマニアには興味深い（川崎市電や京急の支線も登場する）。

前章でも指摘したことだが、この作品も主人公の男女は浜田光夫（トラック運転手）と松原であり、表題の「仲間たち」を歌う舟木はやや斜のポジションにいる町中華のコック。川崎の工場街らしいギョウザ作りの名人という設定で、浜田と松原に仕事や恋愛のアドバイスをクールにする。自らも松原に仄かな好意を寄せつつ、石油タンクが並ぶ夜更けの工場街で、ギョウザを収めた出前箱を手にとぼとぼ歩きながら「僕の眼玉に雨が降る」を歌うシーンはちょっと切ない。

この映画も『いつでも夢を』と同じように、浜田と松原がわが町・川崎の工業地帯の風景を眺めながら「きれいだね」「そうね」などと誇らしげに語り合うシーンがある。また、これはいまでいう〝工場萌え〟のセンスとは違う。高度成長時代のエネルギー源、第2次産業の町をストレートに讃えているのだ。そして、とりわけ日活映画はそういうブルーカラーの若者層を重要なお客さんにしていた。

が、それは「平凡」のような芸能誌も同じだったようだ。64年の3月号をめくっていたら、「富士紡だよ　ザ・ピーナッツ」という「シャボン玉ホリデー」をパロったタイトルを付けて、ザ・ピーナッツの2人が富士紡績の小山工場を見学するグラビア特集が掲載されていた。

そうか、働く若者を歌った青春歌謡系の歌手ならともかく、都会派ポップス系のザ・ピーナッツもこういう仕事をやっていたのだ……ページを見つけた瞬間ちょっと意外な思いがした。内容は、綿布や綿糸生産の機械が並ぶ工場風景ばかりではなく、バレーボール（ライバルともいえる日紡貝塚のチームはオリンピックで大活躍する）や茶の作法を学ぶ女子従業員たちの寮生活のスナップも紹介され、ザ・ピーナッツを交えてのコーラスの写真にはこんなキャプションが付いている。

「歓迎のコーラス・グループに　さっそく仲間入り　みんなで声をはりあげて　歌った歌は『うさぎ追いしかの山……』とふるさとのなつかしい歌でした」

なるほど、「恋のバカンス」や「チャオ」みたいな都会派の曲は、娘たちはともかく、上の人から止められたのかもしれない。

この・ザ・ピーナッツの工場見学記事の扉の片側にオロナイン軟膏の広告（これもオロナインを愛用する読者がスターを探訪するという企画モノで、この回は鈴木やすし）が載っているのだが、オロナインというと、手元に薬屋さんでもらったノベルティーのミニノートがある。オロナイン（大塚製薬）提供の時代劇「噂の錦四郎」（松本錦四郎・主演）の写真を表紙にしたもので、裏面には当時よく流れていた便秘薬「サラリンの唄」の歌詞が掲載されている。

「サラリン　サラリン　サラ　サラリン

便秘に　スッキリ　サラ　サラリン」

作詞・よしおかおさむ、作曲・桜井順、とあるが、2人は三木鶏郎門下の作家で、「よしおかおさむ」はその後「天城越え」などの演歌のヒット曲を手掛ける吉岡治、に違いない。

それはともかく、このノートに当時僕が記した〝架空の歌番組の出演者〟が載っているのだ。以下、カナ表記などはそのまま記述する。

〈花のステージ〉

三田明　舟木一夫　畠山みどり　北島三郎

（しかい）青空星夫　月夫

北原謙二　五月みどり　坂本九　スリーファンキーズ　ザ・ピーナッツ　クールキャッツ

（しかい）青空うれし　たのし

「花のステージ」というタイトル自体は、当時コロムビアが歌謡番組に使っていたもので、舟木一夫のアルバム名もその流用と思われるが、三田明（ビクター）や坂本九（東芝）など別会社の歌手の名もあるから、これは新聞の番組表の書き写しではなく、オリジナルだろう。青空一門の司会者が2組書かれているのは、第1部と第2部に分かれているイメージ、なのだ。

もう1つ、「舟木一夫ショー」というのがある。舟木一夫、五月みどり、（しかい）としてまた青空星夫、月夫の名があって、その下に（ゲスト）橋幸夫、三田明、とある。

舟木と橋、三田が共演するのは〝夢の番組〟ともいえるが、お察しのとおり、これを書いた頃はまだ西郷輝彦はデビュー（64年2月）前、あるいは世に広く知られていなかった頃だろう。

ちなみに、ノートの他のページには、鉄腕アトム、鉄人28号とエイトマンの似顔絵があり、「噂の錦四郎」の放送期間は63年10月から65年3月までというから、ほぼ63年の終わりから64年の春頃（小1の終盤）までに書かれた……と推察できる。

## ニレの舟木、ネムの西郷

これをとっかかりに、青春歌謡の御三家からそのフォロワーたちへと話を展開していこうと思うのだが、橋・舟木・西郷を御三家と称するようになったのはけっこう後、昭和40年代に入ってからだったような気がする。

言い出しっぺは「歌のアルバム」の司会者・玉置宏とされるが、彼は「御三家」よりも、この3人に三田を加えた「四天王」のフレーズを多用していた印象がある。

橋と三田は、いまも〝同窓会コンサート〟的な催しで顔を揃えている広告をよく見掛けるけれど、2人は同じビクターの吉田正門下の兄弟歌手、という関係だった。和服で「潮来笠」みたいな民謡調の歌や「江梨子」のような大人っぽいムード歌謡も歌う橋は、子供の僕らから見るとかなりオッサンっぽい存在（実際、デビューしたのは60年の夏で、舟木よりも3年早い）で、番組に登場してもあまり真剣に歌を聴くことはなかった。興味をもったのは、軽快な、ときに奇妙なテーマのリズム歌謡にトライするようになってからである。

そこへいくと三田明は、年も若く童顔気味で、子供にも親しみやすい雰囲気があった。デビュー曲の「美しい十代」は地味だったが、海軍風の白制服で溌剌と歌う「若い港」は大好きな1曲だった。そして、64年5月に出した「ごめんねチコちゃん」の女性観客の黄色い声はいまも耳の底にこびりついている。

「ごめんね　ごめんね　チコちゃん」

と、三田が呼びかけるように歌うパートで、会場の女性ファンがそれに応じて、

「ハーイ　アキちゃん」

と、決まりの合いの手を入れるのだ。そして、続いて沸きあがるキャーキャーの大歓声。あれは後年のジャニーズ・アイドルの前兆、ともいえるシーンだった。

前章で紹介した「平凡」の扱いを見てのとおり、64年の正月の時点ですでに人気者になっていた三田明に対して、西郷輝彦のデビューは64年2月の「君だけを」、ただ僕が「いいな……」と思ったのは次の「チャペルに続く白い道」という曲で、これはなぜかテレビより、わが家の台所でお手伝いさんのチヨくんが〝おさんどん〟しながら流しているラジオで聴いた……という印象が残っている。

舟木の「高校三年生」に〝ニレの木陰〟と出てくるが、西郷の「チャペル――」は〝ネムの並木〟で始まるのだ。このネムもあまりよくわからない木だったが、ニレと同じく語呂が良い。作詞は舟木曲が丘灯至夫《おかとしお》、こちら西郷曲は水島哲だが、多少意識したところがあったのかもしれない。

西郷の露出が目につくようになったのは、夏に大ヒットした「十七才のこの胸に」あたりからではなかったろうか。63年秋に誕生した新進のレコード会社・クラウンレコードの鳴り物入りの新人で、夕刻にやっていた「クラウン 輝く星座」という番組に小林旭や笹みどりなんかと一緒によく出ていたのを思い出す。この曲はレコード大賞新人賞の対象にもなって、初出場の紅白でも歌われ、東映で映画化もされる（映画の方がレコ大や紅白より先だが）。映画はユーチューブでチラッと1シーン眺めたが、東映ゆえ相手役は舟木と同じ本間千代子なのだ。

西郷の映画は、65年頃から日活で制作された『涙をありがとう』や『星と俺とできめたんだ』など何作かCSチャンネルで観たけれど、日活の役柄は高橋英樹や渡哲也に続く〝ニュー・アクションスター〟といったセンで銀幕にしっくりハマッている。橋や舟木のような〝歌手が余技で演《や》っている〟という違和感がない。

この人は俳優に限らず器用、多才で、〝我修院建吾〟やら〝五代けん〟〝銀川晶子〟のペンネームで小説執筆や作詞、作曲もやっていたようだ。GSブームの68年の名曲「月のしずく」は自作なのである。73年には「ローリング・ストーンズは来なかった」という斬新な1曲も出したが、少し時代がズレていたら、シンガーソングライターの方向にいった人なのかもしれない。

ビクターの橋の弟分が三田とすると、コロムビアで舟木の弟分的ポジションとしてデビューしたのが安達明だった。安達も舟木と同じ遠藤実の門下生で、無垢な少年のような顔をして「女学生」という清純な学園ソングを歌っていた。

「うすむらさきの　藤棚の　下で歌った　アベマリア」

という、七五調の語呂の良い出だしの部分はいまもすんなりと思い浮かんでくる。お上品なミッション系女子校を舞台にしたような詞だったが、この人はデビュー曲の「潮風を待つ少女」以降、曲目リストには「白樺に立つ少女」「春を待つ少女」「銀座の少女」……と〝少女モノ〟が何曲か並んでいる。この時代の少女漫画に出てくる〝病弱な美少年〟のイメージだった。

おばあちゃんにつきあって、コロムビア主催の歌番組をよく見ていた僕が、舟木、安達と共に親しんだのが梶光夫だった。この人も遠藤実門下だったようだが、安達よりちょっと上の年代を狙った好青年というタイプで、オリンピックの頃に「青春の城下町」が大ヒット、「わが愛を星に祈りて」とか「アキとマキ(の交換日記)」とか、高田美和とのデュエット曲も多かった。

早々に歌手をやめて、宝石デザイナーになって成功したことでも知られるが、その辺、いきなり「小銭すし」の社長になった太田博之とイメージが重なる(顔のタイプも似ていた)。

梶と同じくらいのポジション、四天王の後ろの1・5列目くらいにいた人に久保浩がいる。この人はビクターで吉田正門下だから、〝梶の対抗商品〟と見てもいいだろう。思い浮かぶのは、やはりオリンピックの頃によく流れていた「霧の中の少女」。〝少女〟は安達明と同じテーマとはいえ、こちらはオトナが昔の少女を回想する仕立てで、曲調もムード歌謡系。子供には地味でかったるかった。

子供にもわかりやすかったのが、叶修二。カノウシュウジって名前からして少年マンガの主人公っぽいが、髪型が舟木一夫のパクリというか、フロントの半月型のくりぬきが舟木よりデカイ。引きのショットで見ても、すぐに叶修二だとわかった。曲ですぐ出てくるのは、デビュー曲の「素敵なやつ」と川津祐介主演の和製007モノ「スパイキャッチャーJ3」のテーマ曲くらいだが、なぜかこの人の趣味が〝ゲタ集め〟だったということを憶えている。何かの雑誌に〈趣味　ゲタ集め〉と書かれているのを読んだ記憶があるのだが、あれは何だったのだろう……。

叶修二と連動的に思い出されてくるのが、川路英夫（この人の趣味が〝ゲタ集め〟という説もある）という歌手だ。叶はグラモフォン、川路はビクターでレコード会社は異なるが、デビュー期が近かったのかもしれない。もうこの辺の人たちが出てくるのは、64年のオリンピックの後、65年頃と思われるが、ユーチューブで川路の「あゝ好きなんだ」のジャケ写を一見して思い出した。そうだこの男、三田明のBプロ的によく似た顔だちをしていたのだ。

先の「噂の錦四郎」のノートには書かれていなかったが、失くしてしまったあいったノートがいくつかあって、架空の歌謡番組の出演者として末尾の方に書いたおぼえがあるのが、光宮正。曲も思い浮かんでこないけれど、ネット検索で見つけた〈新人名鑑65年ホープの横顔〉という何かの雑誌の特集に、叶修二や川路英夫とともに光宮正も載っていた。画像はぼやけてはいるが、西郷輝彦っぽいきりっとした顔だちをしている。

演歌のイメージが強いので、後回しになってしまったが、64年5月に発売されてヒットした井沢八郎の「あゝ上野駅」は青春歌謡のジャンルに含めるべきだろう。舟木の先輩格にあたる北原謙二の「ふるさとのはなしをしよう」とか山田太郎の「新聞少年」とか、集団就職で上京してきた青少年が故郷を思う〝望郷歌謡〟や働く青少年の応援歌というのも、青春歌謡のアイテムだった。

健やかな学園モノや慎ましく働く若者を歌った曲の一方、エレキの音を使ってバイクやスポーツカーを表現した、都会の遊び人をテーマにした曲がオリンピックの頃から増えてきた。

## 青春歌謡とモータリゼーション

65年あたりから頭角を現わしてきた美樹克彦や望月浩はこのセンだろう。「俺の涙は俺がふく」や「6番のロック」で革ジャンのバイク野郎みたいな美樹が「歌のアルバム」に出てきたとき、玉置宏が〝青春歌謡の新世代〟のようなニュアンスで彼を紹介していたのを思い出す。

望月はザ・ピーナッツや坂本九なんかが出るポップス系番組から進出してきた人で、66年のビートルズ来日コンサートの前座にも内田裕也や尾藤イサオらとともに出演している。「君にしびれて」なんていう、かなりイカレた曲を歌っていたが、望月や少し遅れてデビューする永井秀和あたりになると、サウンドはもはやGS（グループサウンズ）に近いものになってきている。

とはいえ、美樹や望月より先行して、青春歌謡にエレキサウンドを持ち込んだのは、重鎮・橋幸夫だったのである。

先にチラリとふれたが、吉田正が開発した〝リズム歌謡〟と呼ばれる楽曲を橋が歌い始めたのは64年、この夏の「恋をするなら」が発端だろう。

♬炎のように　燃えようよ～

と、始まるこの曲、歌のパートよりもまずイントロに♬テケテケテケテケ……のエレキ音が使われている。

アストロノウツやベンチャーズの来日が65年1月、エレキバンドブームの火付け役となった番組「勝ちぬきエレキ合戦」のスタートが65年6月、ということを考えると、歌謡曲で64年のエレキサウンド導入というのは、早い。吉田正先生がトンガッていたことがよくわかる。

橋はオリンピック間近の9月には、ブワンブワンという強烈なエンジン音から始まるサーキット・テーマの「ゼッケンNO.1スタートだ」を放ち、11月発売の「チェッチェッチェッ」のイントロは「恋をするなら」よりもいっそう軽快になって、アストロノウツ「太陽の彼方へ」でおなじみの〝ノッテケ、ノッテケ〟のリフが聞きとれる。

「チェッチェッチェッ」は佐伯孝夫の詞もアナーキーだ。

「忘れちゃいなと　風が吹く」なんて調子で始まって、こんな一節が――。

「さっきチラッと　見かけたあの娘
夜更けの外車に　乗っていた
ソッポ向いてた　チェッチェッチェッ」

ちょっと前まで♬潮来の伊太郎〜〜と歌っていた男が♬夜更けの外車〜〜ときたもんだ。

外車の車種はともかく、オリンピックで開通したばかりの首都高をぶっとばすバリバリのスポーツカーの情景が彷彿される。青春歌謡にも〝モータリゼーションの波〟が押し寄せたのだ。

# 第5章 巨人少年のファン手帳

子供の頃、とくに小学校の1、2、3年生くらいまでは、ちょっとした外出のときに巨人軍の野球帽をかぶっていったものだ。いまはいろいろなタイプがあるようだけど、当時はもちろんセンターに〝〟のマークを入れただけのシンプルなやつ。黒字にオレンジのマークというのが基本だったが、僕がよくかぶっていたのは紺色っぽかったような（マークは白だったか？）気がする。デパートのスポーツ用品売場や帽子屋はともかく、町の小さな洋品店（オバチャンが着るアッパッパーみたいなのも置かれている）の入り口近くの壁にも、そういう子供向の野球帽がフックにかけられて並んでいた。

オリンピックの頃の東京あたりでは、巨人の野球帽群の片隅の薄暗いところに、Kマークの国鉄とWマークの大洋とFマークの東映くらいが1つ2つ見られる（だいたいホコリをかぶっていたりする）……なんて感じではなかったか。

といった回想からは、王、長島が活躍する巨人軍が毎年のようにペナントレースを制していた……というイメージが浮かんでくるのだが、東京オリンピックの年の巨人はなんと3位に甘んじていた。

この年は阪神、大洋、巨人、広島、国鉄、中日の順。63年こそ巨人がセの優勝を果したものの62年は阪神、大洋、中日に次ぐ4位であり、つまりON時代始まりの頃の巨人はさほど強くなかったのだ。水原に替わって監督になった川上の采配がまだ完成されていなかった、ともいえる。

62年、僕は幼稚園の年長組で、野球に興味をもちはじめたのはこの年あたりからと思われる。野球＝巨人が出てくるプロ野球中継といっていいだろうが、家のオトナたちと一緒にテレビ中継を観るうちにおもしろくなってきた。

土日の昼下りや夕刻あたりにパリーグの地味なゲームをよくやっていた……という印象があるのだが、NHK、民放問わず、ナイター中継で観るのはほとんど巨人戦だったはずだ。記憶の底にある巨人の打順（4番まで）は、渡海《とかい》、国松、王、長島――なのだが、これがやがて柴田、国松、王、長島――さらに柴田、土井、王、長島――柴田、高田、王、長島……なんて感じに移っていった。5番も観始めの頃は坂崎の定席で、やがて森→末次（柳田の時期もあったか）と替わっていった。ともかく、巨人中継に熱をあげ始めた頃の1番・トカイの響きはなつかしい。

## 仁丹の野球ガム

野球関係の景品が付いたお菓子はいくつもあったけれど、かなりヘビーに熱中したのが仁丹の野球ガムである。もはや、ガム業界から撤退してしまった仁丹だが、当時は子供向に〝自動車ガム〟やら〝野球ガム〟やらの板ガム（短冊型のが5、6枚入っている）を発売していた。

いずれも、板ガムと同サイズの名車や野球選手のカードが1枚含まれている。自動車の方は日本の他、アメリカ、ドイツ、フランス、イタリア、イギリス、ソ連や中国、東欧諸国まで含めた各国の乗用車の写真を入れたカードが日本やアメリカの場合は10種類くらいあって、これを集めることによってけっこうマニアックな車の名（日本のミカサ・ツーリングとかソ連のチャイカとか）をおぼえた。

野球の選手カードの方のお目当ては、王や長島など巨人のスター選手だったが、そういう人気者のカードはなかなか出ない。いまもストックブックに30枚ほど保有しているのだが、巨人は坂崎が1枚だけで、妙に多いのが国鉄の選手。とくにキャッチャーの根来《ねごろ》のカードは3枚もある（人にあげた記憶があるから、もっと持っていたはずだ）。しかも、このカードの写真はまだ印刷精度の悪い時代ゆえ、眉毛など後から上塗りしたのか、メンコ絵みたいな質感だ。

仁丹の野球ガムはやがて「野球メダルガム」と銘打って、カードの替わりに球団旗メダルが景品に付くようになった。カードが幼稚園の頃（その後、プラスチックカードにアレンジされた時期もあった）で、メダルは小学校に上がった頃の印象があるから、63〜64年あたりではないだろうか。このメダル、数年後に円型にアレンジされたが、四角い球団旗のデザインに忠実だった初期のメダルが断然イカシていた。

ちなみに、この球団旗メダルはカードのようにもれなく付いてくるわけではなく、ガムの包装紙に〝当たり〟のマークを見つけなくてはならない。〝当たり〟の表示とともに巨人、阪神……といった球団が指定されていて、それを店の人に差し出すと、ガム箱（商品を詰めこんだ）の立てかけた背（つまりフタの裏側）の箇所に付着された、小袋入りのメダルをピッとひっぺがしてくれるのだ。

この〝ピッとひっぺがしてメダルをもらった〟光景が思い出されてくるのが、わが家のすぐ先の表通り（目白通り）にあったスガヤという店だ。スガヤは純粋なお菓子屋ではなく、棚に明治の黄桃缶、店奥に紅デンプやらとろろ昆布やらを陳列した乾物屋か食料品屋のジャンルの店で、店頭に子供向のガムやキャラメル、アイスクリームのボックスが置かれている。

仁丹のガムはおそらく東京圏では流通が弱かったのだろう。菓子屋にはあまり見られず、仁丹を扱う薬局、あるいはこういう乾物屋によく置かれていた。

スガヤのオヤジはちょっと牟田梯三に似た愛想のない中年男で、ガムの当たり券を差し向けても、だいたい不機嫌そうな顔つきで、「おめでとう」とか「坊や、よかったね」とかの誉め言葉一つなく、指定の球団旗メダルを乱暴にひっぺがして、くれた。このオジさん、僕が中学か高校生の頃の寒い夜、突然心筋こうそくで世を去って、店も閉じてしまったのだ。

ちなみに球団旗のメンツは、セが巨人、阪神、大洋、中日、広島、国鉄、パが南海、西鉄、東映、阪急、近鉄、東京（大映からチェンジしたばかり）の時代。贔屓の球団は巨人だったが、メダルのデザインでグッときたのは、渋い金の発色が美しい西鉄、青、赤、金のトリコロールカラーがどことなく不二家のフランスキャラメルを思わせた東映、中世騎士っぽいロゴマークがカッコいい阪急、といったパ・リーグのチーム。

弟とともにおばあちゃんから調達した小銭を元手にスガヤで買い続け、12球団の旗を集めた（最後に東映を引き当てたときの喜びは忘れられない）。そして忘れられないのは、集めきった年の秋深い頃、代々木八幡神社にギンナン拾いに行ったとき、わが弟が巨人の野球帽の側面に12の球団旗メダルをセロテープで装着して繰り出し、どこかに大方を落っことしてきてしまったことだ。

なぜ、ギンナン拾いの最中に兄の僕は気づかなかったのか、いまとなってはよくわからないが、ギンナンの季節の代々木八幡で紛失した……という事象だけが頭に残っている。

愛読していた少年野球マンガもいろいろとあった。

僕が最初に出会った野球マンガは、月刊誌の「少年」に連載されていた、関谷ひさしの「ストップ！にいちゃん」と思われる。「少年」は「鉄腕アトム」と「鉄人28号」を目当てに小1の年（両作がTVアニメ化された63年だろう）あたりから取っていた（定期購読していた）光文社の月刊誌だったが、実際アトムや鉄人よりも熱を入れて愛読していたのはこのマンガだった。

南郷勇一という運動万能の中学生を主人公にしたコミカルな学園マンガ。彼は柔道や剣道やボクシングもやるが、本領は野球部のキャプテン（キャッチャーで4番）なのだ。「ストップ！にいちゃん」のタイトルは、年の離れた弟の賢二の目から、一本気でオッチョコチョイの兄貴を表現した……というもの。マセたガールフレンドの女の子なんかも絡んできて、ちょっと背伸びした青春ドラマ風のムードがあった。

この「少年」には、「ナガシマくん」（わちさんぺい・作）という、名前は巨人の長島から拝借したと思しきギャグ漫画も載っていたが、現実のプロ野球界を設定したマンガで愛読していたものに貝塚ひろしの「ミラクルA《エース》」がある。

少年サンデー連載のこの作品、当初は「九番打者」というタイトルだった。64年の初夏にスタートして、すぐに「伊賀の影丸」や「おそ松くん」、「オバケのQ太郎」に次ぐ人気マンガになった。

主人公の名は郷姿郎《しろう》、当初のタイトル「九番打者」は、巨人の九番（打順）にして打者でも活躍するエース投手、という意味合いで、バッテリーを組む親友の捕手に大山大造というおもしろい男がいる。

ストーリーは郷の編み出す秘球（魔球）や謎の覆面打者（拾呂久番太）の正体推理などに重点が置かれるようになって、オリンピックの翌年（65年）あたりから「ミラクルA」と改題されたが、僕は日常的なペナントレースの模様が描かれているところに魅力を感じていた。

郷が謎の新人投手としてリリーフで登場する1回目は、後楽園球場における巨人・広島戦のシーンから始まる。スコアボードに両チームのメンバーが書き出されている。

G　柴田　広岡　王　長島　森　国松　船田　柳田　藤田
C　大和田　古葉　森永　興津　藤井　山本　小坂　田中　大羽

そう、先に僕の〝記憶の巨人打順〟を記したけれど、1番柴田　2番広岡、なんてパターンもあったなぁ。広島の選手はさほどよく知らなかったが、森永選手は仁丹ガムのカードでも持っていた。

「ミラクルA」（以降、こちらのタイトルで統一する）はペナントレースをなぞりながら、長島や王ら実在の選手が〝キャラ立ち〟して登場するのが楽しかった。とりわけ、奔放にイジられていたのが川上監督。大山にノセられて猿踊りをさせられたり、大袈裟にズッコケたり、いいように描かれている。決して愛想の良い人ではなかったから、巨人軍の広報が敢えてくだけたイメージ付けを促したのかもしれない。

大山大造は、しばしば〝小山小造〟とからかわれるチビの3枚目キャラなのだが、製薬会社の社長の息子という設定で、自社が発売している〝ハリキリピン〟という栄養剤のCMのマネを持ちネタにしている。

「ハリキリピンのんで、いこうか〜〜」

と叫びつつ、腰をユッサユッサとスイングさせるのだ。

キャッチフレーズからして、これは王がCMをやっていたリポビタンDがモデルだろう。大山家のお屋敷は目白あたりに設定されていたが、リポビタンDの大正製薬の大工場も確か目白の学習院下近くにあった。

郷や大山のライバル役に目を向けると、侍が刀を抜くアクションを模した〝ぬきうち打法〟をトレードマークにしていた谷選手は阪神、イケメンの外人投手・ジョン・ウェインと病身の天才投手・天海は大洋、と看板役者は巨人、阪神、大洋に割り振られているあたり、この3チームがセの上位にいた64年らしい。ちなみに、ライバル誌の少年マガジンで連載されていた野球マンガ「黒い秘密兵器」でも主人公の椿投手（巨人）の宿敵・柳生選手のチームは大洋ホエールズだった。

マガジンを定読しはじめたのは「巨人の星」がスタートする66年頃（「ウルトラQ」の怪獣特集も充実していたので）からで、「黒い秘密兵器」（63〜65年）の頃はまだ熱心な読者ではなかった。たまに床屋の待合室なんかで読んではいたけれど、一峰大二の描く椿の顔だちはどことなく気味がわるくて、好きになれなかった。

この椿、手にできたガン（骨肉腫か?）らしき病に冒されて球界を去ってしまうのだが、「ミラクルA」の天海も白血病患者という設定だった。シュルルルル〜〜という消え入りそうな軌跡を描く魔球もフラフラした病身ゆえの産物、という理屈なのだが、1コマを使って「白血病」の解説がなされた誌面はいまコミックスで読み返しても、オンタイムで見たときの衝撃が甦ってくる。この天海というキャラクター、細長いソフトクリームのように伸びた前髪が片目を隠してひょろひょろと垂れさがっている風貌がインパクト満点だった。〝前髪垂らし〟というセンでは花形満（巨人の星）の先駆けともいえる。

オリンピック翌年の65年だったと思うが、愛読していた「少年」でそのものズバリ、「ミスタージャイアンツ」というマンガが始まった。作画は森田拳次で、丸出だめ夫そっくりの少年のもとにあるときミスタージャイアンツがやってきて、少年野球チームの助っ人として活躍するような話。長島をデフォルメした、眉毛が特徴的なミスタージャイアンツは〝ジャビット〟が定着する以前、長らく巨人のマスコットとして親しまれた。

おそらく、巨人の広報活動の一環で広告代理店なんかが間に入ってできあがった企画なのだろう。当時全盛の朝日ソノラマのソノシートにもなって、僕は持っているけれど、内容はともかく、王、長島、金田が生声出演しているのが豪華だった（「ミラクルA」のソノシートにも王がちょこっと出演している）。

**「勝利の旗」を知ってるかい？**

そう、こういう話になると、とある映画を思い出す。『ミスター・ジャイアンツ　勝利の旗』という東宝映画だ。64年2月の封切りだから、小1の終わり頃のことだが、これは映画館で観た記憶がある。とはいえ、オンタイムの記憶として残っているのは、「伴淳三郎演じるタクシー（ハイヤー）運転手が熱狂的巨人ファンで巨人が負けるとトイレに閉じこもる」というのと、「舟木一夫が学生服姿で登場する」というシーン。

この映画は、昔CSの映画専門チャンネルで放送されたのをビデオ（VHS）に録っているので、探し出して再見してみることにしよう（当初、アマゾンプライムビデオのリストに見つけて、レンタルしてダウンロードを試みたところ、わが通信環境が芳しくないせいか一向にダウンロードできず、ワイファイのメーカーやら通信会社やら、いろいろたらい回しされてひどい目に遭った）。まぁ、こういう作品は多少画質の粗いアナログで観るのもオツ、ってもんだ。

おなじみの東宝マークの後、東京映画作品とクレジットが入って、多摩川グラウンドの風景にのせて坂本九が歌う主題歌が流れる。

♬ABCDEFG　Gの力を知ってるかい？

九ちゃんには珍しい服部良一の作曲、「週刊平凡」で募集した一般の人の詞をサトウハチローが補作したものらしい。

監督の佐伯幸三以下「喜劇駅前シリーズ」のスタッフが制作した映画には、巨人軍広報（新聞係と呼ばれている）役のフランキー堺をはじめ、先の伴淳、三木のり平、池内淳子……森繁を除いて東宝喜劇おなじみの役者が顔を揃えているが、冒頭、トレーニングで籠《こも》った箱根仙石原の山荘で宿主夫婦の淡島千景、織田政雄とメシを食いながらやりとりする、長島の達者な芝居に驚かされる。

さて、この冒頭のトレーニングは62年暮れのシーズンオフという設定で、映画は63年のペナントレースを実際の野球中継の映像などを織りまぜながらセミドキュメンタリー調に仕上げられている。

前述したように、62年の巨人は4位に甘んじたこともあって、この年（63年）はともかくV奪還と、もう1つ〝長島の三冠王〟に期待がかかっていたようだ。結局、長島は打率（341、というのは立派だ）と打点の2冠を取り、ホームランは40本の大台に乗せた王に3本差で敗れる。

この映画の見所は、なんといっても長島と王、さらに藤田や国松あたりを交えた選手たちのダッグアウトのちょっとしたセリフのやりとり。たとえば、ロッカールームの大きな鏡の前で長島がバットの素振りをしているところに王がやってきて、こんな言葉のキャッチボールが交わされる。

——チョーさん、ハリキってますね

——よっワンちゃん、調子良さそうだな

ちょっと（スイング）見てくれる？

——とてもスムーズにできていて、いいですよ。ボクのも見てください

——いいじゃないか、調子

「じゃ、お先に」と王は食い気味に言い捨てて、照れくさそうに去っていく。

マジメな王は台本のセリフを一応覚えてきて、一方の長島はテキトーにアドリブで合わせているような空気感が感じられる。

王はこういうベンチ裏のシーンでしばしばリポビタンDを飲んでいるが、当時「ファイトで行こう」のキャッチフレーズのもと、王のCMを盛んにやっていた頃だ。僕と弟は夏休みに母にせがんでリポビタンDを取ってもらい、王にならって連日のように飲んで、オシッコがいつも真っ黄色だったおぼえがある。

これは本当にあったエピソードなのかどうか、定かではないけれど、あるとき長島ファンの少年が多摩川グラウンドにサインをもらいに行く途中に交通事故で命を落とし、そのショックで長島はスランプに陥る。こういう場面で川上監督が登場、自らの体験などを踏まえて、とうとうとした口調で長島を諭す。

「君自身のなかにある何ものかが解決していくんだ。1本打ったら2本、2本打ったら3本、どんどん欲を持っていかなくちゃならん」

長島と王ばかりでなく川上監督の顔も立てなくてはならない。バランスを考える映画監督の苦労が伝わってくる。

もう1人、けっこう重要な役割をしているのが投手兼コーチだった藤田だ。堀内の前の背番号18といえばこの人のこと。ちなみに、この63年に小学校に入学した僕の〝内履き用の運動靴を入れるバッグ〟の絵柄は、藤田がモデルと思しき背番号18の巨人ユニホーム姿のキャラクターだった。

その藤田が家の応接間でくつろいでいるとき、テレビのナイター中継で長島がデッドボールを受ける。相手の阪神のピッチャーはバッキーと聞きとれるが、バッキー投手の画像は出てこないから、これは実話ではないかもしれない。が、内角攻めを得意とするバッキーは、危険な死球を多発するピッチャーとして知られていた。

それはいいとして、なぜかこの場に藤田の書生のような感じで学生服の舟木一夫がいる。デッドボールによって右手を負傷した（血だらけになっているのはウソっぽいが）長島の画面を見た藤田は、「あのキズを治せるのは吉田先生しかいない」なんてことを言うと、「舟木クン、すぐに先生を迎えに行ってくれ」と、かなり乱暴な指示を出す。

吉田先生とは、巨人軍お抱えの吉田接骨院のことだろう。〝8時半の男〟の異名をもつリリーフエースの宮田が試合中にヒザを負傷してここに担ぎこまれたとき、わが家から近い椎名町に吉田接骨院があることをニュースで知った。

「パトカーに乗せてもらうように頼んでみる」なんて、無茶苦茶なことまで言っているが、よく聞いていると、結局羽田から当時人気の日航の夜間便・ムーンライト号に先生を乗せて大阪に向かわせたようだ。

藤田にこういう役柄を振ったのは、巨人のコーチの手腕、権力を宣伝するような意図があったのかもしれない。

ともかく、ほんの束の間とはいえ、贔屓にしていた舟木一夫まで出演して、映画館の僕は大満足だったはずだ。

63年のセのペナントレースを制した巨人は、パの王者・西鉄と日本シリーズに臨む。西鉄はまだ中西が現役で、高倉、ロイ、玉造なんかが主力打者だった時代。58年の日本シリーズで大活躍した稲尾が、5年経っても依然連投でがんばっていたのには驚く。この年の日本シリーズは最後の7戦目で巨人が18対4というバカ勝ちをして、完全優勝を遂げた。

エンディングは、どこかのサロンか豪邸の応接間を使った祝賀パーティー。宝田明が司会を務め、仲代達矢、新珠三千代、草笛光子……東宝映画のおなじみさんたちの顔が見える。柴田選手の横に伊東ゆかりの姿が見えたが、そういえば当時この2人、噂のカップルではなかったか？

そして、アイ・ジョージがメインになって応援歌「闘魂こめて」が合唱される。コレ、大晦日の夕方に日テレが放送する「がんばれ！　ジャイアンツ」って番組で守屋浩が例年歌っていたが、なんでも球団創立30年（1934年～）にちなんで、この時期に誕生した歌らしい。

「勝利の旗」という映画自体、ただ巨人人気にあやかったものではなく、球団創立30年を祝して制作されたのだ。そうか、優勝できたから良かったものを、4位、5位くらいだったら、この映画、オクラ入りになっていたのかもしれない。

ところで、原稿を書きながら、長島の打率であるとか、選手の名前の確認とかに重宝しているのが「ファン手帳」という小冊子。後楽園などの球場の売店で売られているもので、セパ両リーグの各球団の選手名鑑と前年の成績表が各種掲載されている。

僕の手元に１９５９年から65年までのものと、やや大型のカラー表紙になった１９７０年と71年の手帳が保存されているが、いずれの年も前年に活躍したセ、パの代表選手がオモテウラの表紙を飾っている。

64、65年あたりの手帳は、野球に連れていってもらったときに手に入れたものだろうが、それより古いものは確かクラスメートのＯクンから譲り受けたものではなかったか？　Ｏクンは小3の頃に引っ越してしまったのだが、その直前に餞別（正確には逆餞別）みたいな感じでもらい受けた記憶がある。

ＯクンのオヤジさんはＮＨＫで野球実況なんかをやるアナウンサーで、ファン手帳を何冊も持っていたのだ。

さて、このファン手帳、選手のデータは表紙の年号より1年前のものになるようだが、有名選手のプロフィールよりも、なじみのない新人選手をチェックするのがおもしろかった。

よく憶えているのは、65年の名鑑の巨人・内野手の欄に初登場する黒江。1年ほど前の64年のシーズンあたりのデビューと考えればいいだろうが、67番という、あの時代にしては数の大きな背番号に魅せられた。もう１人、外野に66番の堀田というのがいて、巨人戦の中継を眺めながら、この２人の新人を探したことを思い出す。

67番の黒江が代打か代走で起用されたとき、ファンというわけでもないのに、妙に興奮した。それは昆虫図鑑でレアな蝶やトンボの名をおぼえる感覚に似ていた。

# 第6章 柏鵬と三羽ガラスの時代

野球の話を書いたら、相撲のことも書かないわけにはいかない。メキシコ五輪前夜にサッカー人気がじわじわ盛りあがってくる（釜本が注目されはじめる66年頃からか？）頃までは、野球と相撲が男の子の2大看板スポーツだった。

僕が相撲に熱中するようになったのも、野球と同じく、小学校に上がるかどうかの頃だったと思う。85年に新しい両国国技館がオープンした際に出た「新古今大相撲事典　両国国技館開館記念号」（読売新聞社）というムックが手元にあるのだが、巻末の方に江戸の宝暦11年以降、昭和59年11月場所までの幕内番付が載っていて、相撲の思い出話なんかを書くときに重宝している。

歴代の番付を眺めていると、ググッと記憶の濃度が高まるのが昭和38年（1963年）3月場所からなのだ。小学校入学直前の春休みの時期ということになるが、上位の方を紹介するとこんな感じ。

**横綱**　大鵬　柏戸
**大関**　佐田の山　豊山
**（張出）**　栃光　栃ノ海　北葉山
**関脇**　羽黒花　小城ノ花
**小結**　青ノ里　大豪

前1　富士錦　海乃山
前2　若羽黒　若秩父

横綱、大関陣はともかく、富士錦と海乃山《かいのやま》が前頭筆頭を張っているのをよく覚えている。それともう1つ、若天竜という力士が前頭末尾の15枚目東にいることだ（西に追手山がいるが、こちらの記憶は薄い）。若天竜は幕内のお尻と十両の頭を往ったり来たりしているような関取だったたが、15枚目にランキングされているのはこの場所だけだから、やはりこの63年3月の番付は〝僕の相撲の原風景〟といっていいような気がする。

この場所から熱中するようになった要因は、いよいよ小学生になる年頃も1つだろうが、歴代番付を眺めていて「なるほど！」と思ったことがある。豊山がこの3月場所から大関になったのだ。

先代の豊山は、当時はまだ珍しかった大学出身（東京農大）のインテリ美男力士として人気があった。さらに僕の弟の名が〝豊〟ということもあって、命名者のおばあちゃんをはじめとして、わが家では熱く応援していた。〝ポスト大鵬〟とまで囁かれていたはずだが、メンタル面が弱く、栃ノ海、佐田の山（佐田ノ山、佐田乃山などと字違いが細かく変わる）が横綱に昇進していくなか、結局、綱は取れず、大関止まりだった。

前々年（61年）11月、横綱に同時昇進した大鵬と柏戸の〝柏鵬時代〟の真っ只中、とはいえ柏戸はこの63年3月場所あたりから〝ケガと休場〟が目立ちはじめる。

横綱柏戸は五日目の取組で海乃山を寄倒した際、土俵下に落ち右肩を強打、しばらく起き上らなかった。打出し後、市内天王寺区生玉前町の辻外科でレントゲン写真をとったところ、右のけんこう骨のうしろに内出血のあとがあり、骨折ではないが亜脱きゅう（脱きゅうではないが、これに近い症状）しており、右腕は四十五度ぐらいしかあがらなかった。

――63年3月15日　朝日新聞

柏戸は翌6日目から休場、5月、7月場所と長期離脱する（復活した9月場所で全勝優勝する）。後年の回顧映像の記憶などが上塗りされているのかもしれないが、海乃山を寄り倒してそのまま2人で土俵下に落下していく、プロレスの場外乱闘っぽいシーン（あるいはキングコング対ゴジラ）は、じっとり目の底に焼き付いている。

僕が初めて相撲観戦に連れていってもらったのも、この年のことだと思う。東京場所だから5月か9月あたりだろうが、会場は蔵前橋の西詰にあった蔵前国技館。さすがに周辺の町並の記憶はないけれど、場内で起こった〝2つの事件〟は忘れられない。

うちと親戚の7、8人で、マス席を2つくらい占領しての豪奢な観戦だったはずだ。父親の知り合いの有力者のツテと思われるが、狭いところに、ヤキトリやアンミツやチョコレートやオモチャの軍配……なんぞを詰めこんだ、大きなみやげ物が置かれていた光景を憶えている。

そんな、ぎっしり並んだマス席——階段状の配置になっていて、われわれのすぐ前の少し低い位置のボックスにツルリと頭の禿げあがった（晩年の鶴ヶ嶺のような）オッサンがいた。あるとき、弟が何を思ったのか、このオヤジの頭をテロっと撫ぜてしまった。瞬間、ハゲオヤジが振りかえってギロリとこちらをにらみつけ、わが家のオトナたち（父はいなかった気がする）が平謝りしていた光景がマンガの1コマのように記憶される。

それともう1つ、土俵入りなどが終わって、まだ目当ての力士も出てこない幕の内序盤の頃だろう。同行していた1つ年上のイトコのアッちゃんと僕と弟の3人で場内の探検をすることになった。

当時の国技館は、階段式の座席の下が簡素な木組みで、青房、赤房、白房、黒房、土俵下の4つのコーナーに向かう通路の脇から容易に入っていくことができた。尤も、オトナはそんなとこへ入ってはいかないだろうが、子供にとっては興味深い。やがて灯りはなくなって（情けない豆電球くらい点いていたかもしれないが）、方向感覚がよくわからなくなってきた。僕らは割とすぐに次の通路に行きあたるようなイメージを抱いていたのだが、国技館の4本の通路（東北、東南、西南、西北）間の距離はかなり長い。時折、どこからともなく観客のざわめきや呼び出しの声が漂ってくるなか、薄暗い洞穴を延々と歩きまわった。

ようやく明るい通路に出くわしたとき、すぐ目の前に出を待つ北葉山が立っていた……ショットがスナップのように残っている。まぁ、大関の北葉山の登場寸前だったとすれば、座席下の探検を始めたのは中入り後、けっこう経ってからだったのかもしれない。男っぽい風貌の北葉山は村田英雄と親交が厚く、「男の土俵」という村田自作の曲のモデルは北葉山だと、確か「歌のアルバム」で玉置宏が言っていた。

北葉山を目撃した後、どうやって僕らの席までたどりついたのか、ハッキリしないけれど（オトナにチケットなどを見せたのだろうが）、ともかく蔵前国技館の忘れられない思い出となっている。みやげにもらった黒い軍配は、わが家の畳間で弟や友だちと相撲を取るときに長らく活躍した。

## 北の富士、清国、若見山に夢中

63年の3月場所の記憶は、こうやって文章の調べものをするうちに甦ってきたようなところが多いのだが、以前から〝初期の相撲の記憶〟というとまず思い浮かんでくるのが64年の初場所である。オリンピックがあったこの年の初場所が始まったのは1月12日。新聞の番組表を眺めると、NHKだけではなく、日本テレビとTBSでも中継していたのだ。

各局ともスタートは午後3時30分、終了は午後5時35分（初日のTBSは5時45分）だが、日によって数分のバラつきは見られる。番組欄で局によって異なるのは解説者。初日に関していえば、ＮＨＫが玉の海、二子山、日テレが間垣、武隈、ＴＢＳが東富士、そして日テレだけ〈カラー〉の表示が付いている。バラエティー番組やドラマなどにおいても、日本テレビはカラー放送の導入に積極的だった。オリンピックを前に早々にカラーテレビを購入した裕福な家は、日テレで相撲観戦をして、「大鵬の肌はやっぱり白い」などと感心していたのだろう。

64年初場所は柏鵬の両横綱が揃い（大鵬は双葉山と並ぶ12回目の優勝を果す）、大関も栃ノ海、豊山、佐田の山、北葉山、栃光の５人がすべて勝ち越して（佐田は12日目から休場）、上位陣もがんばっていた場所だったが、なんといっても僕らの注目は北の富士、清国、若見山の新鋭トリオだった。

新入幕で10枚目の北の富士が13勝２敗、幕内２場所目で13枚目の清国が14勝１敗の準優勝、新入幕で14枚目の若見山が10勝５敗、という好成績をあげた。先に〝新鋭トリオ〟と書いたけれど、実況解説者や新聞がよく使っていたのが〝三羽ガラス〟という表現。僕はこの３力士の登場によって〝三羽ガラス〟という言葉を学習した。

千秋楽翌日（１月27日）の朝日の相撲面のコラム（初場所総評）に〈光る新進三羽ガラス〉の見出しを付けて、３者の特徴が解説されている。

清国は強い右の攻めと鋭い出足を存分に出した。右をハズに当てての腰の構えも申し分なし。（中略）清国に劣らず北の富士も見事、柔軟な体を存分にいかして突張り、投げ、あるいは外がけと持ち前の気っぷのよい取口で好成績を収め非凡なところを示した。若見山は地味でもあり、ちょっと陰にかくれたが落着き、体力をいかした。

若見山は地味でもあり――と書かれているけれど、〝ポスト若秩父〟ともいわれたこのおデブちゃん力士（当時の「相撲」誌の表記によると、身長177センチ、体重157キロだから、いまの感覚なら大したことはない）は、僕ら年少の子供には圧倒的な人気があった。北の富士と清国は男前力士の部類だったが、若見山は風貌もマンガの西郷隆盛、あるいはデブ少年を主人公にした「しゃあけえ大ちゃん」のようで、愛らしかった。

同じ紙面に15日間の星取表が載っているが、これを眺めると、北の富士や清国ら下位の力士は10勝越えの大勝ちをしていても、ほとんど三役以上の力士と当たっていない。14日目まで全勝で大鵬と優勝を争っていた清国が、千秋楽にしてようやく関脇の大豪とやって負けを喫しているくらいだ。つまり、現在の対戦スタイルだったら清国の14勝、北の富士の13勝は難しかったかもしれない。

この大豪って力士もなつかしい。一時期は大鵬、柏戸と並ぶ三羽ガラスの一角的存在だったと聞くが、結局上へはいけず、巨人の5番打者・坂崎のようにいつも関脇に名を記していたイメージがある（その後、こういう万年関脇は長谷川に引き継がれる）。

さて、北の富士、清国、若見山が上位に昇進した3月場所の頃に出た専門誌「相撲」4月号に掲載された座談会で、玉の海とともにNHKの主要解説者だった神風正一さん（いつも〝向正面〟担当だった気がする）が鋭い指摘をしている。

「この三人のうち二人は大関になるでしょう。横綱も出るんじゃないですか」

北の富士、清国はその後大関、前者は横綱になっているから大当たり。しかし、「相撲」の諸記事を読むと、総体的に評価が高いのは清国で、北の富士は相撲のムラや危っかしさを指摘されている。相撲記者が記した、3月場所の3力士の密着ルポを読むと、北の富士は当時から茶目っ気たっぷりの明るいキャラクターだったことがよくわかる。

8日目、大鵬と初対戦して敗れた直後の様子を記者は伝える。

大鵬を一瞬ぐらっとさせながらも敗れて帰ってきたが、そのときのことばがおもしろい。

「横綱が横を向いたとき、コチョコチョってくすぐってやったらよかったなぁ」

そう、相撲専門誌はともかくとして、青春歌謡や吉永小百合の記事を調べた「平凡」の64年3月号で、初場所を終えた後の北の富士が倉丘伸太郎、三沢あけみ、いしだあゆみ、梶光夫、高田美和、進千賀子ら芸能界の新鋭たちと和やかに談話するページを見つけた。

〈春だハッスル　とびだせホープ！〉

と、いかにもなタイトルが付いた6ページものの座談会。冒頭、日比谷公園の噴水前で芸能人らしく両手を挙げてジャンプする梶光夫や高田美和たちの前で、北関は笑顔でシコを踏む――写真（合成かもしれないが）が載っている。

フランクなやりとりの一節を紹介しよう。

**倉丘**　関取はどうです。超満員の国技館で、お客さん気になりませんか。

**北の富士**　それが大丈夫なんだ。目が悪いから。

**高田**　ほんとうに悪いんですか。冗談でしょう。（笑）

**北の富士**　右が悪いんです。左は〇・七くらいでいいんだけど、右は洋画の字幕見ようとしたらだめなんですよ。ぼうっとして。

**進**　メガネをかければいいのに。

**北の富士**　かけたくないな。

**いしだ**　ぐっともてるようになります。（笑）

**北の富士**　そんなにオレばかりいじめるなよ。

記者が勝手に作ったような箇所もあるのだろうが、この視力のエピソードなどはリアリティーがある。〝洋画の字幕〟の例を出すあたりもオシャレな北の富士らしい。こういった芸能誌の対談には、初代の若乃花や朝潮もひっぱり出されていたが、北の富士のリアクションは前世代のスター力士とは違った〝軽さ〟が感じられる。先の「相撲」誌も〝現代っ子〟なんていうハヤリのフレーズを使って、北関をはじめとする3人を新世代の力士登場、といったスタンスで紹介している。

64年の3月場所は大鵬が双葉山の記録を上回る13回目の優勝を果し、栃ノ海が新横綱に昇進した。三羽ガラスは若見山を除いて負け越したが、やがて北の富士のライバルとなる玉乃島（玉の海）が幕内最下位の前頭15枚目で新入幕する。若い頃の玉乃島の顔だちは、ほぼ同時期に歌謡界でブレイクする美樹克彦にどことなく似ていた。また、この「相撲」（64年4月号）の中グラビアページには、新横綱・栃ノ海や三羽ガラスの稽古風景をとらえたスナップとともに、〈新序一番出世した異色力士〉と題して、序ノ口でデビューするジェシーこと若き高見山の写真が載っている。

横綱、大関、新鋭三羽ガラス……の他にも印象に残っている力士は何人かいる。64年1月27日の紙面に載った、初場所の幕の内の星取表を眺めながら、ピックアップしていこう。

まず、前にもちらりとふれた海乃山。この場所は小結だが、西の前頭筆頭・青ノ里、西3枚目の富士錦……といった面々は、だいたいこの辺を上下動していた。

海乃山は近頃の炎鵬や照強のような小兵力士で、〝けたぐり〟あるいは〝けかえし〟という曲技を得意としていた。この技を食った相手として思い出されてくるのが、西の4枚目にいる明武谷《みょうぶだに》で、こちらは190センチ近くの長身力士だった。昆虫のナナフシみたいな細長い手足をいかした〝つりだし〟と〝うっちゃり〟、ほぼこの2つの決まり手のシーンが思い浮かんでくる。

この2技を得意とする力士にもう1人、若浪がいた。この場所は東の7枚目で7勝8敗の成績だが、初日の鶴ヶ嶺、3日目の開隆山、5日目の房錦と、勝ち相撲は、うっちゃり、うっちゃり、つりだしと続いている。明武谷のような長身ではなく、どちらかといえば小兵の方だった若浪のつりだしやうっちゃりは、ムリヤリ感があって、それがおもしろかった。『大相撲雑学ノート』（景山忠弘・著　ダイヤモンド社）という本に絶妙な解説が載っている。

「腕力にまかせて『天井を向いて吊る』豪快な吊りを得意とした。強引すぎるため、上位陣の横綱大関には通用しなかった。陸奥嵐との吊り合い合戦では、両力士とも天井を向くため、パン食い競走とも評された」

そう、若浪の吊り技は、何人かの力士がやる〝派手な塩まき〟のようなアトラクション性があった。

若浪はこの当時まだ入幕早々の若手だったが、先輩格の曲者力士に岩風というのがいた。この初場所は西の2枚目という上位だが、5勝10敗と大負けしている。岩風はだいたいここらあたりが上限だった。『大相撲雑学ノート』のプロフィールを見ると、「岩風角太《カクタ》郎《ロウ》」と名前までキャラが立っている。

『『くせもの力士』の典型。仕切り時に、ほとんど対戦力士と目を合わせなかった。奥目も幸いして、立ち合い一瞬変わっての引っ掛けがよく決まった」

対戦力士と目を合わせない……そうそう、土俵に上がった瞬間から、何か一発ぶちかましてやろう、というヒールな雰囲気がプンプン漂っていた。

頭を下げ、低く潜る取り口から「潜航艇」のニックネームがあった——と、書き添えられているが、のっけから相手の腹下に潜りこんでいくような岩風の姿を見て、カブトムシを連想した。採ってきたカブトムシを対決させるとき、片一方がツノを使って相手の下に潜ろうとする。あるいは、メスのカブトムシが飼育箱のスイカの皮下なんかに身をこじいれようとするときの姿……そういう動物的なおもしろさがあった。

プヨプヨの胸にオッパイの方の乳（ちち）をイメージした若秩父（東3枚目）、妙に四角い顔をしていた天津風《あまつかぜ》（東6枚目）、町内会の気のいいオッチャンみたいなベテラン・出羽錦（東12枚目）……と、ぼんやりながら風体が浮かびあがってくるお相撲さんが何人かいる。

相撲観戦の主体はもちろんテレビ中継だったが、テレビの相撲のことで、書きながらふと思い出したのが〝分解写真〟というやつ。まだビデオテープの映像が導入されていない当時、〝物言い〟などが付くと〝分解写真でもう1度〟なんてテロップが出て、コマどりしたようなカットが連続する、奇妙な再現映像が流された。

あれがどういう仕組みのものだったのか、ハードに弱い僕には理解できないが、その

〝分解写真の相撲〟のマネを弟とよくやったものだ。両手をカクカクと分解的に動かす、突き相撲のマネなんかは簡単なのだが、一番トライしたいのは、明武谷みたいなギリギリのうっちゃりなのだ。物理的にうまく模写できるわけないのだが、腰をふんばって、微妙に体を動かして、うっちゃりの分解写真のマネ事をしたことが思い出される。

### 薬屋でもらった「相撲手帳」

そういえば、「青春歌謡」の章でふれた薬屋さんでもらうノベルティーの小ノートに、相撲の番付を書き写していたことがあったなぁ……と思い出した。よく書いていたのは、1つの場所が終わった直後、星取表を参考にしながら記す次場所の予想番付。これは新聞にも掲載されていたが、ちょっと違うな？　と思うところを自分なりに修正して書くのだ。「東6枚目で10勝は三役に上げてやりたいけど、関脇から落ちてくるからな……張出《はりだし》を付けようか……」なんて思考しながら完成させるのが楽しい。

前に紹介した「噂の錦四郎」のノートには書かれていなかったけれど、そこでふと「相撲手帳」というどこかのノベルティーノートがあったことを思い出した。表紙は横綱の土俵入りの写真かイラストだったはずだが、それ以上に憶えているのは、巻末の方に四十八手の相撲技が絵入りで解説されているのだ。「いぞり」という奇妙な技（相手の下に潜って足を抱えあげて後ろに投げる）が載っていたのを思い出す。相撲の番付の類いはこのノートに書いていたはずだ。

再見したいと思い、試しにネット検索にかけてみたら、あった、あった……何件かのオークション品目が現われた。

「タケダ」の相撲手帳　みんなのんでるパンビタン――のコピーが表紙に打たれているから、武田薬品の景品だったのだ。表紙の絵柄は、〝大鵬と思しき力士が優勝カップを抱えた〟のと〝若乃花と思しき力士の土俵入り〟の2種が目につく。うん……表紙デザインの明確な記憶こそないけれど、こういうのを何冊か持っていたはずだ。並べて出品されている、同じくタケダの「野球手帳」というのも見憶えがある。

1000円以上の値を付けている出品者も見受けられるが、相撲手帳と野球手帳2冊で400円台――という良心的な値のオークションを見つけて、値の吊りあげもなく買い取りに成功した。払いこみ（送料の方が高い）をすませて、数日後無事届いた2冊の手帳――「相撲」の方は優勝カップを抱える大鵬、「野球」は日本チームのユニホームを着た南海の杉浦投手――どちらも、巻末に昭和36年（1961年）夏頃までの各種記録が載っているから、61年末から62年頃にかけて作られたものだろう。

「相撲手帳」を開くと、表紙裏に相撲部屋と有名力士の表、さらに土俵入りの型（雲龍、不知火）、行司の家とくらい（位）の解説などがあって、上位力士の顔が8人描かれている。各者にちょっとしたキャッチフレーズが付いているのだが、温度差があっておかしい。

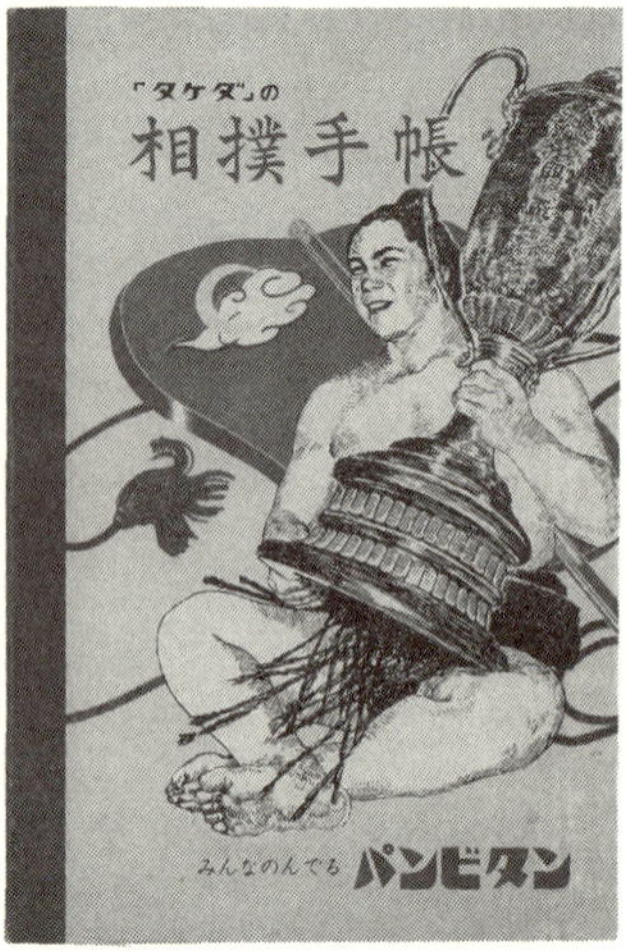


若乃花は「充実の横綱」、大鵬は「ぼくらのホープ」だが、柏戸は「ものすごいファイト」なんて調子で、佐田の山はただ「期待の」、羽黒花は「頑張りの」、といった感じで、フレーズの統一感がない。

そして、横線引きのノート部分が終わった巻末に4ページを使って、記憶に残る技（相撲48手）の図解がレイアウトされていた。

うっちゃり、内がけ、外がけ、かわずがけ……各々20字ほどの解説文が付いているが、型を描いた絵がなかなか巧い。1点のカットで技を表現するのは大した作業といえる。

とったり、いずみがわ、さばおり、ずぶねり……マニアックな技の名、なんとなく見憶えがあるけれど、ありゃ？ 印象に残っている「いぞり」がない。「たすきぞり」というのは載っているが「いぞり」はどこへ消えたのだろう。まぁ、48手とはいえ、相撲技の数はそれ以上あるから、「いぞり」が紹介されていたのは若乃花の表紙の方だったのかもしれない。

# 第7章
# シール・ワッペン・切手少年

〈ファインの学習帳　よい子のノート〉と銘打った、レーシングカーに乗った子供の絵を表紙に描いた古いノートがある。小学校の学年を書き入れる空欄に〝だい二がくねん三くみ〟と記されているから、64年のオリンピックの年に使っていたものだろう。尤もコレ、学校の勉強で使用していたものではない。ページを開くと、大流行していたシールが貼り付けられている。

まず頭の5ページは「鉄腕アトム」のシール。番組スポンサーだった明治のマーブルチョコレートに付いていた（円筒型の箱の裏にへばりつくように内封されている）ものもあれば、64年の年頭（正確には63年暮れ）から月刊発売が始まった、光文社カッパ・コミクスの「鉄腕アトム」の付録シールもある。付録というか、いわゆる〝本の帯〟がアトムのシールになっていたのだから、子供は買わないわけにはいかない。年少の子供はシールが第1の目当てだったとはいえ、テレビマンガのスタート（63年1月）によってアトムを知った僕の世代は、この毎月配本されるカッパ・コミクスのシリーズによってアトムの初期の物語を学習した（月刊誌「少年」でのマンガ連載のはじまりは、まだ昭和20年代の52年4月だった）。

ノートの6ページ目あたりには「鉄人28号」のシールが見受けられる。こちらも番組スポンサーの江崎グリコの商品（鉄人28号ガム）のオマケだが、プリント式のシール（薄いビニール紙の裏側に印刷されたキャラクターのカットを上から擦って貼り付ける）ゆえ、貼付に失敗して所々剝げたものが目につく。このプリント式の鉄人シールが世に出たのは、アトムシールなんかよりちょっと後だったはずだ。

その後のページには、セドリックやプリンスグロリア（スーパー6）などの自動車シールや少女マンガが出元と思しき可愛らしい男女のシール、大洋ホエールズの球団旗シール、大丸デパートの包装紙用の紙シール……といった、余白になんとなく貼ってしまったようなのがあって、後半にレイアウトされているのが「エイトマン」と「狼少年ケン」のシールである。

前者は丸美屋のふりかけ（のりたま、すきやき、チズハム）のオマケとして入っていたもので、エイトマンのシールがふりかけにまみれて現われる絵は、チョコやガムとはまた違う奇妙な趣があった。このシール、当初はエイトマンが走行やジャンプのポーズを取っただけのものだったが、オリンピックが近づく頃になると、背景に参加国の国旗をあしらったワッペン型のデザインに変わった。そう、先の〝ふりかけ〟の1つ〝チズハム〟については説明がいるだろう。これは〝欧風ふりかけ〟と銘打たれた洋食気分のふりかけで、名のとおり、チーズとハムを乾燥させてパリパリにした粉末……のようなものが収容されていた。やはり、これもオリンピックの国際ムードを反映した商品といえるかもしれない。

ちなみに「すきやき」ふりかけのCMもこの時期、国際色を意識したようなのをよくやっていた。

白いスーツでめかしこんだ白木みのるがレストランのテーブルにつくと、メニューを見るともなくただ「ライス」とボーイに注文する。怪訝な顔をしながらもボーイがライスを運んでくると、待ってましたとばかりに「すきやき」ふりかけ取り出して、パラパラとかけてナイフとフォークを使っておいしそうに食べる。周囲の外国人客がオーバーアクション気味のポーズをとって「オー、マルミーヤ、スキヤキフリカーケ！」なんてカタコト言葉を言い放って賞賛する——というもの。

シールの話にもどると、「狼少年ケン」（2章で劇場版についてはふれた）のテレビ版は森永製菓がスポンサーだったので、即席の粉末ココア（缶）に、ケンと仲間の動物キャラクターたちのシールが入っていた。

僕のノートにストックされているのは、主人公のケン、その相棒のオオカミの子・ポッポとチッチ、ボス、ブラック、ウォーリー、ゴリラ、イノシシ、片目のジャック、といったレギュラー陣だが、なかの1つ、青色のクマのシールはとりわけ思い出深い。

端っこがめくれあがって、傷みが目立つこのシールはなかなか出なかった。あるとき、イトコの家に遊びに行ってかくれんぼをやっている最中、僕が隠れた子供部屋のピアノの側面に羨望のクマのシールを発見、こそっとひっぺがして、ズボンのポケットのなかにひそませて、すっとぼけて帰ってきてしまったのだ。発見したイトコの狭い子供部屋の様子とか途中でティッシュかトイレットペーパーに包み隠したことまでよく憶えている。

ケンのシール群の傍らには、タカオカマンガチョコというマイナーなメーカーのチューブ型のソフトチョコ（ハミガキのようなチューブをチューチューと吸って飲む）に付いていた伊賀の影丸、てつのサムソンのシール、「シスコン王子」という人形劇のキャラクター（チョコちゃん、X 2号）のシール（これはシスコーンのコーンフレークの景品）もなつかしいが、「ストップ！にいちゃん」をはじめ、ワッペン型のシールが目につく。

そう、シールと並行して、ワッペンも大流行していた。

## ワッペンから切手へ

ワッペンとはそもそも〝紋章〟を表わすドイツ語で、中世ヨーロッパの騎士たちが戦の際の目印として掲げていた。つまり、この辺は日本の戦国武将の軍旗などと同じである。よって、丸型や四角型でもワッペンと呼んでいいわけだが、当時〝ワッペン〟というと、野球のホームベース型の五角型（あるいは下部がU字型）と決まっていた。この格好のワッペンがブームになったのは、オリンピック選手団が着用するブレザーの胸の国旗エンブレムが発端だったからだろう。

前の章で資料に使った、月刊誌「平凡」の64年1月号の表紙を飾る、高橋英樹のブレザーの胸にもワッペンらしきものが垣間見えるし、2月号でブレザー姿を披露する舟木一夫の胸にもアイビー調の飾り文字のエンブレムが見てとれる。ヤングの世界では、ファッションとしてのワッペンブームも広がっていたのだろうが、僕ら子供の間ではシールと同じく菓子の景品としてのワッペンが人気を博していた。

その火付け役となったのが、鉄人28号のスポンサー・江崎グリコだった。グリコは63年の暮れ頃から〈世界のワッペンをつけよう〉というキャッチフレーズのもと、裏面にノリを付けたシール式のワッペン・キャンペーンを始める。〈くっつきワッペン〉と広告には載っているけれど、この〝くっつき〟というフレーズはあまり僕らの間には浸透しなかった。

世界のワッペン——というくらいに、世界各国の名所や国旗をあしらったものもあったが、なかに「鉄人」のキャラクターものもあって、これが圧倒的な人気だった。ただこのグリコのワッペンは明治のアトムシールのように、マーブルチョコの箱のなかにそのまま現物が入っているわけではなく、グリコ商品の空き箱やクーポン券を郵送しなくてはならない、というシステム（もれなく、3枚なり5枚なりのセットがもらえる）だったから、ちょっとめんどくさかった。

ちなみに、この鉄人のワッペン（型シール）は、業界的に〝不織布〟と呼ばれる、紙とビニールの中間みたいな化繊質のもので、先のシール帳には貼られていないが、当時どこかでもらってきた長いベニヤ板にもシールを貼り付けていて、こちらには2、3枚貼っていたはずだ。鉄人の顔がヘタクソというか、三白眼っぽいマヌケなタッチ（急造された初期のテレビアニメがベースと聞く）で、良い出来とはいえなかったが、このグリコキャンペーンを皮切りに、ワッペンが子供商品の定番景品へとなっていく。

64年3月の朝日新聞縮刷版をめくっていくと、名糖粉末サイダー、粉末ジュースが〈金モールオリンピックワッペン〉というのを景品にしているし、ライオン歯磨も〝商品300円分の空箱で30万名様にオリンピックワッペンを〟なんてキャンペーンを展開している。どちらの広告も子供が服の胸や腕にワッペンをベタベタ貼り付けている写真を載せているが、実際集めたワッペンをこうやって身につけた記憶はあまりない（同時期に静かにハヤッていたバッチ――東京都には清水崑描くカッパのバッチというのがあって10月1日の都民の日に発売された――を帽子に付けるくらいだ）。

ワッペン景品の広告で、おもわず目が点になったのが、〈フルヤワッペンキャラメル〉という商品。中世ヨーロッパの騎士を描いたパッケージで、箱のなかに布地の本格派の小型ワッペンが入っていた。まさに、中世の王国軍が戦場で掲げたような紋章を刺繍したこのキャラメルのワッペン、凮月堂のゴーフルの空き缶に何枚か保存していたはずだ。どこの景品だったか、忘れていたのだが、そうか……フルヤのワッペンキャラメルなんてのがあったのだ。

さらにもう1つ記憶に残るワッペン景品がある。大将以下、少将、大佐、大尉、軍曹……と、日本軍隊の等級章のワッペンが何かの菓子でもらえた。「0戦はやと」関係のキャラメルかガムか……のイメージがぼんやりとあるのだけれど、ネット検索をかけてもそれらしきものは見つけられなかった。

シール、ワッペン、メダル、バッジ……さらに、マーブルチョコのオマケに〝アップリケ〟という可愛らしい動物や花を象ったスポンジ質のシールが入っていて、アトムシールではなくこちらが出てくるとガックリしたことを憶えているけれど、やがて僕のコレクターズアイテムは、こういったものから〝切手〟へと移り変わっていった。子供を対象にした切手ブームの火付け役もグリコだった。

〈世界のワッペン〉に続いて、江崎グリコが〈世界の切手〉キャンペーンを始めたのは64年の夏のことだという。ちなみにグリコは、すでに57年夏から58年にかけて、切手を景品にしたキャンペーンを展開して、戦後最大の切手ブームを作り出していた。

僕の世代はその第1次ブームは知らないけれど、この64年のグリコのキャンペーンによって〝切手収集少年〟になった者は多い。

64年7月にスタートした〈世界の切手〉キャンペーン、アーモンドグリコ（キャラメル）の箱のなかに消印付の外国切手がそのまま入っていたこともあったし、郵送用のクーポン券が入っていたこともあった気がする。

手元にある64年11月の「少年サンデー」にキャンペーン広告が掲載されているが、それを読むと、切手のもらい方はけっこうバラバラだったようだ。

「アーモンドグリコ　グリコガム　グリコチョコレートなど　グリコの製品には　ズバ

リ世界の切手か　切手とりかえ券　または切手サービス券が　かならずはいっています」

さらに、アーモンドチョコレートについては、こんな仕掛けが施されていた。

「グリコアーモンドチョコレート　１００円・50円・30円の箱のなかから　金色の袋〈ゴールド賞〉をさがしてください　１００円の箱では……世界一古い切手　大きい切手　小さい切手　カドの多い切手　高額面の切手などいろんな世界一切手をさしあげます」

金色の袋――というのは、通常の銀紙の内封袋が金色、ということだと思う。広告には、〝世界一古い切手〟として１８４０年発行のイギリス切手・ブラックペニイ（現在は、ペニーブラックと呼ぶことが多い）、〝世界一カドの多い切手〟として八角形のトルコ切手などが紹介されているが、いまも強く印象に残っているのが〝世界一大きい切手〟として掲げられているソ連の宇宙切手、ガガーリン以下４名の飛行士の肖像を描いた１９６２年発行の青い横長の切手だ。

この切手、キャンペーンが繰り広げられていた頃には、ルーマニアが発行したオリンピック切手に負けて〝世界最大〟ではなくなってしまうのだが、憧れの切手だった（いまネットのオークションを見ると、３０００円台の値を付けている人もいれば、１００円で出している人もいて、本当の価値はよくわからない）。

前に小１のときの作文帳の一文（「狼少年ケン」の映画の話）を引用したが、その後の小２時代の作文帳も残っていて、ここに「きっ手」と題された話が書かれている。表紙裏の題目の欄にわざわざ〝1月〟と時期が記されているから、小2も3学期の65年年頭に書いたものだと思われる。

ぼくは　今　きっ手を　あつめています
五十一まい　もっています。
その中で　ルーマニアの　きっ手を
いっぱい　もっています。
こんど　デパートで　きっ手を
かって　もらいます。
その　きっ手が　百まいぐらいに
なったら　アルバムに　はるんだ。

デスマスでずっときて、最後急に「はるんだ」と喋り言葉になっているあたりが、感情のおさえられない小学2年生らしい。これを読んでも、外国切手から切手集めが始まったことがよくわかる。この時点で〝51枚〟ということは、やはり前年夏に始まったグリコのキャンペーンがそのきっかけになったのではないだろうか。
そして、ここにもルーマニアの名が挙げられているが、ルーマニア、ブルガリア、チェコ、モナコ……といったヨーロッパの経済弱小国が当時積極的に切手を発行して外貨稼ぎを展開していたのだ。事務的に消印を付けたシートの束を、こういう日本の商品キャンペーン用に輸出していた……という話を、切手専門誌の人から伺ったことがある。

「デパートで切手を買ってもらいます」なんて書いているが、デパート6階のオモチャ売場や文具売場の並びには、町の切手商が出店した趣味の切手やコインのコーナーがあった。店頭には消印付き外国切手を数十枚詰めこんだ、お手頃価格のセットが置かれていて、切手収集ビギナーの子供たちが群がっていた。そう、63年11月に暗殺されたケネディ大統領の切手は、アポロやソユーズで盛りあがる米ソの宇宙切手（尤も、発行国はルーマニアやブルガリアが多い）やイギリスのエリザベス女王の肖像切手とともに、外国切手の看板商品だった。

## オリンピック切手大懸賞

東京オリンピック関係の切手は、開催3年前の61年秋から、各競技の絵柄を入れた5円＋5円の募金付きの切手が順次、発行されていた。当初この切手の存在は知らなかったけれど、オリンピックが近い頃になると、やり投げ、レスリング、柔道、フェンシング、馬術……様々な競技カットを描いたこのオリンピック募金切手がデパートの切手売場を飾るようになった。

東京オリンピック開催の記念切手は、まず聖火台を描いた5円切手が9月に先行発売されて、開会式当日の10月10日に国立競技場を描いた10円、武道館の30円、代々木競技場の40円、駒沢体育館の50円、そして5種の切手を組み合わせた小型シートも発行された。

記念切手を発行順に載せたカタログを眺めると、64年の夏から秋にかけては、首都高速開通（8月1日）、八郎潟干陸式（9月15日）、東海道新幹線開通（10月1日）、第18回オリンピック東京大会（10月10日）……と、派手なインフラ事業の切手が並んでいる。記念切手のネタを見るだけで、国ごとガラリと変貌していく感じが伝わってくる。

切手を集めはじめた僕は、お菓子屋やオモチャ屋と同じように、町の郵便局を注意して見て歩くようになったが、あの当時、「新幹線開通」など話題の記念切手や広重、北斎の風景画を図案にした「国際文通週間」とか浮世絵美人画の「切手趣味週間」といった人気切手が発売される当日は、局の前に長い行列ができていた。

先にグリコの切手キャンペーン広告を紹介した「少年サンデー」（64年11月8日号）をめくっていくと、〈切手NO1大懸賞〉やら〈最新切手ニュース〉やら、切手関連のページが目につく。「大懸賞」というのは、この時代の少年マンガ誌の定番フレーズともいえるが、設問の答えや好みのマンガをハガキに書いて送ると当たる、この切手懸賞の特等は「月に雁」（1名）、1等は「見返り美人」（3名）、2等は「東京オリンピック20種＝先述した募金切手」（15名）……5等、6等といった下の方は件の安い消印外国切手セット、といった具合で、当時の切手の〝等級〟がよく表わされている。

特等と1等には〝どうか布ばりストックブック〟も付いていたようだが、僕が作文に書いていたアルバム（切手をノリやテープで貼り付ける）から、パラフィン紙の欄に切手をハサんで収納するストックブックへと、収集用のグッズは変わりつつあった。

「少年サンデー」の切手の記事、こういった懸賞に加えて、さらに読みものページの所々に切手商の囲み広告が掲載されていた。モデルガンや弓矢、ノーベル磁気健脳器とかZ身長機とか、ちょっといかがわしい感じの通販グッズの広告なんかと並んで、各切手の売り値を羅列した切手商の広告がレイアウトされている。

ビードロ娘、雨傘美人、源氏、佐久間、マナスル、東海道電化……と、少し雑な省略型で切手の品目を記した、○×スタンプなんて名義の切手商の囲み広告は、オリンピックの頃の少年マンガ誌の一風景を作り出していた。

僕がそういった町の切手屋へ足を運ぶようになるのは、もう2、3年後、小学校高学年の時期からだが、貯まりはじめた切手をストックブックに収納する頃から、同じ切手収集少年とたまに交換会をやるようになった。

といっても、切手の交換をした友だちで思いあたるのは、N君というコだけである。1、2、3年までが同じクラスの奴だったから、切手がある程度集まってきた小3の頃のことかもしれない。

N君は東大の有名な教授のお孫さんで、かつて徳川家のお屋敷があった一画の、趣きのある日本屋敷（冠木門をくぐって前庭から入っていく）に住んでいた。

僕は草野球をやるグループにも入っていたし、駄菓子屋やオデンの屋台なんかで買い食いする連中とも遊んでいたが、N君はそういう場にはまず顔を出すことはなく、他のクラスメートとどことなく空気感が違っていた。

切手以外では、プラモデルに凝っていたような気もするが、つまりインドア派、いまでいうオタク系の少年だった。おそらく僕とは何かのきっかけで切手の話になって、意気投合したのだろう。ストックブックを持ち寄って、1、2度切手の交換会をしたはずだが、何の切手を交換したのか……さっぱり憶えていない。ただ、僕のピンセットの使い方ががさつで、「キズがつくだろ」と咎められたような記憶が残っている。

ピンセットの小さなキズを付けてしまったのは、〝趣味週間〟の人気切手「写楽」だったかもしれない。描き手の写楽の名の方で通っている切手だが、切手の絵柄は東洲斎写楽が描いた江戸寛政年間の市川鰕蔵《えびぞう》だ。そう、N君は、この写楽の役者絵「鰕蔵」の顔だちにちょっと似ていた。

# 第8章 忍者というヒーロー

僕のシール帳（よい子のノート）にも「伊賀の影丸」のシールが1枚貼られていたが、オリンピック前夜の63年から64年にかけては〝忍者ブーム〟が吹き荒れていた。

忍者モノの火付け役とされるのは、小説の山田風太郎とマンガの白土三平で、いずれも60年代の初頭から「忍法帖シリーズ」（山田）や「忍者武芸帳 影丸伝」（白土）などの作品が注目されはじめる。この辺はオンタイムでは知らないけれど、幼稚園に通う時分から観るようになった子供向のチャンバラ時代劇（「矢車剣之助」とか「白馬童子」とか）に、忍者らしきキャラクターは登場していた。

僕が「アトム」と「鉄人」目当てに63年頃から読みはじめた月刊マンガ誌「少年」に、白土三平の「サスケ」はもうすでに連載されていたけれど、甲賀流の少年忍者が活躍するこのマンガは当時あまり熱心に読んでいなかった。

おそらく僕が「忍者」というキャラに興味を抱くきっかけになったのは、日曜夜7時のゴールデンタイムにＴＢＳで放送されていた「隠密剣士」だろう。「月光仮面」を皮切りにその後は「ウルトラＱ（マン）」シリーズに引き継がれる武田薬品提供のいわゆる〝タケダアワー〟を代表する番組である。

徳川幕府の公儀隠密・秋草新太郎（家斉の〝腹違いの兄〟という設定）に扮する大瀬康一主演の時代劇だったが、その相棒役として登場した牧冬吉演じる伊賀忍者・霧の遁兵衛《とんべえ》が僕ら子供の間では圧倒的に人気があった。秋草と遁兵衛の前に敵対する甲賀や風魔の忍者が次々と現われる。遁兵衛が繰り出す手裏剣やマキビシ……といった武器の使い方やスタイルは、忍者ごっこをするときの参考になった。牧は後年の「仮面の忍者 赤影」でも、白影役を演じていた、子供にはおなじみの俳優だったが、当時クラスメートが「近所の中井駅の方に住んでいるらしい」と情報を聞きつけてきて、「牧」の表札だけをたよりに探したことがあった。尤もプロフィールを見ると、「牧」は芸名のようだから、見つかるわけがない。

忍者モノのマンガで人気があったのは、なんといっても少年サンデーの「伊賀の影丸」(横山光輝)だった。切手の話でも使った64年11月8日号の「少年サンデー」は、貝塚ひろし描く「九番打者」の郷姿郎が表紙をドカンと飾っているが、その上に〈少年雑誌の王者〉とキャッチフレーズを記して、両脇に「伊賀の影丸」と「おそ松くん」の顔が雑誌のマスコットのようにレイアウトされているから、この2作が看板マンガだったのだろう。

「影丸」は、あかぬけないタッチのテレビ人形劇を一時期やっていただけで、本格的なテレビアニメも映画も作られなかった(松方弘樹主演の映画があったそうだが、僕らの話題にはならなかった)が、オトナになってからコミックスをじっくり読み直してみると、ていねいに物語が構成された、実に質の高い作品だった。幼い頃から毒草を少しずつ食べて毒に強い身体を作りあげた薬草家系の忍者衆・村雨五兄弟とか、いくら斬られても3時間で肉体が再生する阿魔野邪鬼とか、その名も含めて魅力的な忍者が続々と登場する。不死身の忍者がいる一方、割とあっけなく重要人物が死んでしまうクールさも「影丸」の特徴といえる。

10歳かそこらの少年忍者が頭巾をかぶると妙に大人びた顔になり、仲間の死に直面してもあまり感情的になることはない。ちょっと不思議な少年ヒーローだった。

まぁそんなこともあって、子供の当時はとっつきにくい影丸よりも贔屓にしていたのは、テレビマンガ（アニメ）のフジ丸の方だった。

**フジ丸の風魔十法斉**

「少年忍者　風のフジ丸」がテレビ（NET）でスタートしたのは64年の6月、岩山に雷がおちる不穏な戦地の画像にのせて鹿内タカシが太い声で歌うテーマ曲が印象深い。

♬時は戦国　あらしの時代〜〜

服部公一の曲はエンディングに流れる「たたかう少年忍者」も含めて叙情感あふれる名曲だったが、この冒頭のテーマ曲は最後にスポンサー名が連呼される。

♬フジサワ、フジサワ、藤沢薬品〜〜

これは「鉄人」（グリコ〜〜）の手法をマネたものだろうが、そもそも〝フジ丸〟という主人公の名前からしてスポンサーの藤沢薬品にちなんだものだった。原作は白土三平の初期の作品（「忍者旋風」と「風の石丸」がモデルとされる）というが、テレビマンガは東映動画が当初から提供スポンサーの意をくんで制作したもので、ナショナル（松下電器）提供の「ナショナルキッド」とか、オロナイン（大塚製薬）提供の「とんま天狗」の名前・尾呂内南公《オロナイナンコウ》とかの例と同じ1社スポンサーの時代ならではの宣伝手法である。

歌にあるような戦国時代、天下を取るためのノウハウが書かれているというナゾの巻物「龍煙の書」をめぐって、上杉、武田、織田、豊臣、徳川ら武将配下の忍者たちが鎬《しのぎ》を削る――という物語。フジ丸は〝風魔一族に育てられた〟という設定だったが、どの武将に付くわけでもなく、ただ平和のためにこの巻物をめぐる戦いに加わっている。ふだんは、美香さまという少女や動物たちと山里でおだやかに暮らしているあたりが東映マンガらしかった。

フジ丸の育ての親にして、宿敵でもある風魔一族の大ボス・風魔十法斉のキャラがなんといっても強烈だった。おそらく、モデルは2メートルを越す巨人伝説をもつ風魔小太郎（「隠密剣士」にはその名で登場した）だろうが、十法斉は白髪と白髭《ひげ》に顔を覆われたマントヒヒみたいな風貌の怪人で、仙人風の杖を振るってダイナミックな火炎の術を放つ。

風魔は関東の北条氏配下の忍者とされるが、地名が残る伊賀や甲賀と比べてマイナーで、とくにこの風魔十法斉のイメージから〝得体の知れない悪党〟の色が強かった。時折、マンガ雑誌で図解される〝忍者の分類〟みたいなページでも、黒や灰色の頭巾をかぶったオーソドックスな伊賀や甲賀忍者に対して、風魔忍者は柄モノの装束を着て奇天烈な格好の手裏剣を使ったりする、SF的なキャラとしてよく描かれていたような気がする。よって、忍者ごっこをするとき、ちょっとひねくれたタイプの奴はだいたい風魔を名乗り、また〝ナンタラ斉〟みたいな名を考案した。

小学1年生だった63年に出た小学校の文集（1、2、3年生の秀作が載っている）が手元に残っていて、残念ながら僕の作品は掲載されていないのだが、仲が良かったY君が書いた「にんじゃ」という詩が載っている。これ、忍者ブームの頃のエッセーを依頼されたとき、ついつい引用してしまうのだが、なかなか味わい深い。

ぼくは　にんじゃの　ふくを　きました。
つくえに　のって　おかあさんを
おどろかそうと　したけど
おかあさんが　きが　つきました。
それで　おかあさんが
ぼくの　おしりを　たたかれました。

締めの「たたかれました」は文法がおかしいのか、また敬語にしようという意志も感じられて、妙な趣きがある。忍者の服とは、子供向に販売されていた黒頭巾と装束、足袋などをセットにしたものだろう。Y君の家で何度か忍者ごっこをしたはずだから、ぼんやりながら記憶がある。もう63年頃には、子供用忍者ルックが商品化されるほどハヤッていたのだ。

とはいえ、誰もがちゃんとした忍者スタイルで遊んでいたわけではなく、多くの者は手ぬぐいを忍者っぽく顔に巻くくらいで、妥協していた。

「風のフジ丸」は本編の話が終わった後に、〈忍術千一夜〉という数分のコーナーが設けられていた。戸隠《とがくれ》流忍術を継承する（34代目師範の肩書）初見良昭という先生が登場、ホステス役の本間千代子を相手に代表的な忍術のノウハウを講義するもので、どこかの城の堀などを使って、〝水遁の術〟の実演映像などが紹介されることもあった。

当時僕は〝本間千代子に熱をあげていた〟ということもあるのだが、マニアックな忍術知識が学べるこのコーナーは忍者少年必見だった。ちなみに、――千一夜というタイトルは、夜の人気番組として定着していた「スター千一夜」のもじりだろう。

フジ丸は藤沢薬品（合併の後、現在のアステラス製薬に）提供だったが、もう１つ薬品会社提供の忍者モノがあった。田辺製薬がスポンサーだった「忍者部隊月光」だ。なるほど、こうして見ると「隠密」の武田をはじめ、人気の忍者モノ番組はすべて薬品会社が提供していたのだ。

64年の正月（1月3日）にフジテレビで始まったこの番組は、忍者のイメージを大きく変えた。忍者部隊というタイトルは付いているものの、「影丸」や「フジ丸」とは別ジャンルのアクションドラマに近いムードがあった。隊長の月光以下、女性を交えた５、６人の隊員が活躍する構成は、その後の「ゴレンジャー」など戦隊モノの先駆けといってもいいだろう。

アーミー調のユニフォーム（ときに革ジャンパー）にヘルメット……という彼らのスタイルは、これも薬品メーカー（大正製薬）の提供で人気を博していたアメリカの戦争ドラマ「コンバット！」を思わせるところもあった。とくに「月光」のエンディングに流れる「忍者部隊のマーチ」（♬うなれ〜〜手裏剣〜〜）はコンバットマーチや大脱走マーチ……に似た曲調だった。

そしてこの番組、知る者同志で思い出話をするときに、まずもち出されるのは冒頭のタイトルに続く〝お決まりの寸劇〟。

エイトビート調の劇伴音楽にのせて、月光部隊の戦闘シーンが流れる。敵に向かって、無造作に拳銃を発射してしまった隊員（紅一点の三日月）に、月光が厳しい顔つきで言う。

「バカ、撃つ奴があるか。拳銃は最後の武器だ。われわれは忍者部隊だ！」

次の瞬間、プヨヨォンという「ウルトラQ」なんかでも使われるテルミン調の電子音にのせて「忍者部隊月光」のタイトルが現われて、デューク・エイセスが歌うテーマ曲が始まる（近頃はこういうシーンもユーチューブにアップされているので、書いてから一応確かめてみたが、ほぼこのまんまだったから、よほど記憶に擦りこまれているということだろう）。

山上路夫作詞（これは意外！）、渡辺宙明作曲のテーマ曲は、♬空を飛び〜風を切り、の次の「進みゆく忍者」のパートを歌うデューク・エイセスの低音担当の人の声が〝ハンパなく低い〟のが耳に残った。

タツノコプロの吉田竜夫が描く、可愛らしいタッチのマンガが「少年キング」に連載されていた（「少年忍者部隊月光」と銘打たれていた）が、やはり「月光」というとマンガよりも水木襄《じょう》のちょっとコワイ顔が浮かびあがる。そしてこの忍者部隊、なんとなく世界平和のために闘っているレンジャー部隊……くらいのイメージしかもっていなかったが、一応〝伊賀流、甲賀流忍者の末裔によって編成されている〟という設定になっているようだ。さらに、月光＝月田光一、月輪＝月岡輪次、月影＝月野影也……といった具合に、月にこだわった役名がわざわざつけられているのが微笑ましい。

## 忍者部隊と2B弾

テレビの「月光」はかなり熱心に観ていたおぼえがあるが、月影というサブキャプテンくらいの重要な隊員が、ダムか鉄橋かに爆弾を仕掛けていてあっさり爆死してしまうのがショックだった（次の回、新月という新人が登場する）。それと半月という文字どおり半人前の子供隊員が加入したとき、「ウルトラマン」の少年隊員・星野クンが加わったときと同じようにイラッときた。一種の嫉妬といっていいだろう。

「月光」の人気によって、忍者ごっこのスタイルも変わっていった。先のY君がわざわざ着ていた、オーソドックスな黒装束の忍者姿というのは時代遅れになっていった。

S君という材木屋の頭領の家の子がいて、彼に誘われて「忍者部隊ごっこ」をしたおぼえがある。親からのプレゼントか、職人の若いもんからのもらいものか、ともかく彼は「忍者部隊月光」セットみたいなのを持っていて、隊員が着る迷彩柄の服とヘルメットを身につけて僕らを待ち受けていた。

つまり、ボスの月光はS君とすでに決まっている。彼は月光が激しい戦闘時に使うアーミーカラーのマシンガン（トミーガンに似たオモチャ）を手にすると、オモチャ箱のなかから使い古した武器（壊れた手榴弾、西部劇のピストルなど）を僕らにあてがって、役柄を割りふる。といっても、メンバーはSを含めてせいぜい4、5人だったから、敵方を作るほどの余裕はない。月影、月輪、満月、新月……といった忍者部隊の隊員を一応名乗って、Sの家の裏方に広がる材木置場と飯場の危なっかしい通路みたいなところを〝敵の存在〟を想像しながら歩きまわった。

子供が使える手軽な忍者武器といえば、なんといっても手裏剣だろう。2枚の折り紙を組み合わせた、三角十字形の紙手裏剣をよく作ったものだが、あれはこういう野外の忍者ごっこのときには気分が出ない。S君家《ち》からも近い裏通り商店街の一角に「ねーちゃんばーちゃん」という駄菓子屋（屋号はあっただろうが、若い嫁と思しき女性と老婆とでやっているのでそう呼んでいた）があって、ここで硬いビニール質の手裏剣（十字形やマンジ型）がコマなんかと並べて売られていたはずだ。

ビニール製にしたのはもちろん安全を考慮した上でのことだろうが、これではテレビの忍者のように木の幹にカツカツッと刺さらない。缶詰のフタで作った、ちょっと危険な手裏剣を持ってくる奴もいた。

月光隊長は「拳銃は最後の武器だ」と宣っていたけれど、武器として手裏剣やマキビシのオモチャよりも、拳銃（ピストル）の方が魅力的だ。忍者ごっこ、戦争ごっこ……問わずアクション系の外遊びのときに圧倒的な人気を誇っていたのが、銀玉鉄砲。コルト45を象ったプラスチック製の拳銃に硬質な銀紙と粘土が主成分の小玉をセットして、バネ仕掛けで発射する。銀玉は後年のミリタリーゲームでハヤッたBB弾というやつよりは軟弱だったが、近くで当てられるとそれなりにイタかった。これも駄菓子屋で調達する定番オモチャの1つで、とくに銀玉を詰めこんだフーセンガムみたいな赤い小箱が品棚の一角に積みあげられていた光景を思い出す。

駄菓子屋で入手する武器というと、2B弾ってのがあった。これはまぁマッチを応用した爆竹といったようなもんで、4、5センチの棒の先端に火薬が塗りこまれている。ここをザラついたアスファルトの地面とかマッチ箱の焦茶のヤスリ状の面なんかにシュッと擦りつけると発火。しょぼしょぼと煙が出ている状態のときに手離すと、やがてバンッと破裂する。1Bというのは聞いたことがないから、なぜこいつを2Bといったのか、ネーミングの根拠はいまだよくわからない（先のミリタリーゲームのエアソフトガンに仕込むプラスチック弾を〝BB弾〟というのも、もしやこの2B弾の流れなのかもしれない）。

2Bは何か負傷事故でもあったのか、PTAあたりからクレームが付いて、店頭から消えてしまったが、その代用のような感じで使っていたものに〝オネストジョン〟ってのがあった。

これ、5センチくらいのプラスチック製のロケット型ホルダーで、頭の方に火薬を装着する箇所がある。そこに火薬紙だったか火薬玉だったかを仕込んで、放り投げる。先端部が着地するとその衝撃でバンッと破裂音が鳴る。しかしこのグッズ、うまく頭の方から地面に落下させるのはけっこう難しくて、不発に終わることが多かった。

ところで当時、無意識に〝オネストジョン〟（パッケージにも表示されていたはずだ）と呼んでいたが、アメリカが1950年代に配備した核弾頭搭載地対地ロケットの名が由来、と知ったのはオトナになってからのこと。

Honest John＝正直者のジョン、という、あちらの慣用句的な意味も含まれているらしいけれど、まぁ随分大それた名前のオモチャで遊んでいたのだ。もちろん米軍の許可など取って商品化されたものではないだろう。

さて、僕らが忍者にうつつをぬかしている頃、ちょっと上のヤングな若者の間で話題になりはじめていたのが、007だ。英国諜報員・ジェームズ・ボンドの形態は、いってみれば〝英米版の忍者〟のようなものでもあり、子供たちにもブームが拡大する65年頃からは、忍者と007、あるいは0011ナポレオン・ソロ、あるいはスパイと陸軍中野学校なんかと比較する特集が少年誌でも目につくようになった。

イアン・フレミングの小説を原作にした007＝ジェームズ・ボンドの映画シリーズは、62年に初作「ドクター・ノオ」がイギリスで製作され、これが『007は殺しの番号』のタイトルで日本公開されたのが63年6月、そして2作目の「フロム・ロシア・ウィズ・ラブ」（ロシアより愛をこめて）が、『007危機一発』の邦題で封切られたのが64年4月。このあたりから007のフレーズが日本にも浸透していく。ちなみに、この〝危機一発〟の邦題、国語的には〝危機一髪〟が正解のところを、当時映画宣伝を担当した水野晴郎が、わかりやすく〝一発〟として、以来こちらの誤字の方がポピュラーになった……という伝説は知られている。

爆発的な007ブームになるのは、翌65年のゴールデンウィークに向けて封切られた3作目の『ゴールドフィンガー』（この作で愛車・アストンマーチンがデビュー）からだろうが、僕が以前赤塚不二夫の「おそ松くん」の研究本を書いていた時に作った、連載当時の記録ノートをめくっていたら、64年の秋頃には子供たちの間にも〝007〟のフレーズが認められていた……と思しき証しが見つかった。

少年誌の文通欄に出た〝金持ちそうな家〟を目当てに盗みをはたらくドロボウを主人公

にしたネタなのだが、家に押し入ろうとするドロボウが「かぎは007にあわせる」なんてメモ書きの指示に従って戸を開錠するシーンがある。わざわざ〝007〟と言わせているところをみると、少なくともそのフレーズはハヤッていたのだろう。他の場面でチビ太とイヤミが〝オリンピック〟の話題のやりとりをしているから、64年10月頃のマンガと思われる。

定期購読していた月刊誌「少年」で、「サスケ」に代わって忍者マンガの看板となったのが藤子不二雄Ⓐの「忍者ハットリくん」だ。66年頃にテレビでやっていた、ちょっと気味のわるい着ぐるみの実写版（その後、〝忍者怪獣ジッポウ〟との合名になる）の印象も強いが、ハットリくんと007やナポレオン・ソロら英米スパイを対決させる特別企画が「少年」で何度か組まれていたおぼえがある。

マンガの連載が始まったのは、64年11月号というから、ちょうどオリンピックの頃だろう。初回を読んでみると、手裏剣が飛び交う忍者番組に興じる少年ケン一くん（メガネをかけたおなじみのタイプ）のもとに、「せっしゃハットリカンゾウともうす」と、唐突に現われて、ケン一一家の平凡な日常をかき回す。これは同年に先行して始まった「オバケのQ太郎（少年サンデー）とも同じキャラクター構成であり、この〝オバケ〟と〝忍者〟をベースに、後年「ドラえもん」が完成したのだ。

ところでぼんやりと思いあたることがあって「オバケのQ太郎」の連載第1回をコミッ

クスで読み直してみると、主人公の正太くんが忍者ごっこをしているシーンから始まるのだ。そんな森のなかで奇妙なタマゴを発見、投げつけて割るとなかからオバケのQ太郎が現われる。当初は〝毛が8本（9本や10本のときも）〟で、大口に比べて目が小さく、気味の悪い感じが漂っている。そう、時折夜のアメリカマンガの時間にやっていた「おばけのキャスパー」に似ている。そして、この64年の年頭から流行していた植木等の歌のフレーズ「いいたかないけどめんどうみたよ」というのを盛んに連発しているのが時事に敏感な藤子マンガらしい。

なるほど、こうやってみると、あのオバQも忍者ブームに連動して生まれたキャラクターだったのだ。

# 第9章

# オリンピックの頃の東京風景

オリンピックの頃の東京の街並について書いておきたい。新宿や渋谷、銀座などの繁華街の当時のスナップを集めた写真集をいくつか持っているけれど、都心の方は後回しにして、まずはわが町の周辺から——。何度かふれているが、僕の暮らしていた落合というところは新宿区の北西部にあって、わが家のあたりはオリンピックの年の翌年くらいまでは下落合（4丁目）、その後は中落合（3丁目）の町名になった。

現在の大江戸線の落合南長崎駅のすぐ近くだったが、目白の方からくる目白通りに面した八百屋さんの角の横道を入った先で、カラタチの垣根（アゲハチョウの幼虫がいた）なんかを設えた、割とゆったりした民家が並ぶ山手調住宅街が奥へと続いていたが、脇道を折れた一角に小ぢんまりした平家が軒を並べる、いわゆる〃路地裏〃があった。

このエリアをウチのオトナたちは〃長屋〃と呼んでいたけれど、横長の1棟を3軒4軒に分割した、下町によくある本当の長屋ではなく、小体の木造の家がぽつぽつと並んでいるだけだった。家の前の道はもう僕が物心つく頃には舗装されていたけれど、この一角は土の地面の所々に砂利が敷かれて、不成形な石ころやセトモノの破片なんぞが埋まっている道だった。

逆L字を描くように奥へ続く路地に入っていくと、〃時計修理〃の看板をひっそり出した古い家の角の道端でガキどもが何かの樽を裏返しにした台の上でベーゴマ、その前の路面でメンコをやっていた。たぶん、初めてここに足を踏み入れたのは小学生になったかどうかの頃だった……と思われる。だいたい僕より2、3年上の連中が主体で、中学生くらいの兄ちゃんも混じっていた。なかに「らーめん親子」って番組でカタコトの日本語をしゃべる芦屋雁之助のマネをよくする兄ちゃんがいて、この人が当時ロッテから出ていた「ピンクミントガム」のパッケージに描かれたハリウッド風女優の絵柄を見せながら、「コ、コレ、オレのコイビト……」と、若干吃音気味の口調で言いまわっていたことを妙に憶えている。

そう、ここで遊んでいるのはちょっと上世代の兄ちゃんたちなので、ベーゴマやメンコに描かれた野球選手の名や絵柄のテーマが古いのだ。ベーゴマは別当、別所……メンコの絵はエンタツアチャコや赤胴鈴之助、力道山対シャープ兄弟、ゼブラ・キッド……なんていった感じで、年少の僕はピンとこなかった。つまり、4年5年と使いまわされてきた遊び道具なのである。

ベーゴマやメンコのショバのある角を曲がって、ちょっと行った右手に井戸をぽつんと置いた小さな空き地があって、ここでは何度かカンケリをやったおぼえがある。傍らのドブ溝に黄桃缶の空き缶なんかがよく捨ててあって、こういうのをポンプ井戸の水で洗って使う。

近頃、めっきり少なくなってしまったが、こんな空き地の隅にイチジクの老木が繁っていて、キボシカミキリという触角の長いカミキリムシがよくたかっていたものだ。忍者の章で書いた銀玉鉄砲で遊んだのもこの路地裏だったが、ここが新道路のスペースになって消えてしまうのだ。道はつながっていなかったが、舟木一夫カットにしてもらった床屋もこの新道エリアの一角にあった。

オリンピックのときにはまだ完成していなかったから、いわゆる〝オリンピック道路〟とは呼べないかもしれないが、小2の年（64年）あたりに立ち退《の》きが始まって、翌年くらいに200メートルほどの区間が広々としたアスファルト道路になった。道路、といっても、まだ当初1、2年は幹線道路とつながっていなかったので、大して車が入ってくることもなく、格好の遊び場になっていた。

何度も僕の昔の作文を紹介しているけれど、小3時の作文ファイルにここで遊んだ話が書かれている。タイトルは「スーパーボール」。

> ぼくは、先々週の日曜日、西ぶデパートに行って、スーパーボールを買いました。小さいのに、百八十円もするので、ぼくは「たかいなあ」と思いました。しばらくして、家にかえって、「方しゃ七号せん」という、道で思いきり力をいれて、はずませてみると、十二メートルぐらい高く上がりました。

方しゃ七号線というのは、放射七号線が正解で、これはいわゆる新目白通りのこと。日付は記されていないが、小3のファイルの後ろの方に綴じこまれているから、もう学期も終わりの66年に入った頃かもしれない。

スーパーボールというアメリカ生まれのゴムボール、当時のイラスト入りの商品ラベルを保存している。

©1965 WHAM-O MFG. CO. Calif 日本総代理店 株式會社國際貿易——とクレジットされているから、製造は65年、WHAM-Oというカリフォルニアのメーカーが製造元で国際貿易が輸入販売していたのだ。

裏面に遊び方が図解されているが、カリフォルニアの郊外住宅を思わせる赤屋根の家を飛びこえて、ボールがハズんでいる様を描いたパッケージ・イラストがすごい。〈アメリカの科学が生んだ驚異の　スーパーボール〉〈500、000ポンドのエネルギー〉〈生きているように引力を無視したその動き!!〉と、わかったようなわかんないような謳い文句が並んでいる。

新合成物質ゼクトロン製——と材質が記されていて、さすがに〈NASA開発〉とまでは銘打たれていないけれど、あの時代のアメリカ宇宙事業の副産物グッズ、というイメージが浮かぶ。

しかし、僕が作文で書いている「十二メートルぐらい高く」という細かい数字はいったいどこから出てきたものなのだろう。

ちなみにこのスーパーボール、すぐに国産のパクリ商品が数々と現われて、小型のものはお祭り露店の〝ボールすくい〟としていまも生き残っている。

部分開通の新道広場でやった遊びとしては、スーパーボールの他、「忍者」の章でふれたオネストジョン投げ、それからローラースケート。思えば、オリンピックを挟んだ2、3年で、路地裏のベーゴマやメンコがアスファルト路面の時代に対応したスーパーボールやローラースケートに変わったのだ。

## 「おそ松くん」の街並

ところで、マンガについてはいくつかの章で言及しているが、この時代の東京の街並を回想するときに思い浮かんでくるのが赤塚不二夫の「おそ松くん」だ。62年4月から少年サンデーで連載が始まった（第1シリーズの連載は69年春まで）このマンガには、オリンピック前後の世相や生活風景が見事に記録されている。

前章でもふれた「おそ松くん」の記録ノートを見ると、コミックス（曙出版刊）第5巻の63年7月頃の話に〝工事現場〟〝空地とドカン〟などの書きこみがある。

六つ子が年少のチビ太のおもりを任される話なのだが、やんちゃなチビ太はビルの工事現場に入っていったり、柵を乗りこえて防火用水の池の敷地に侵入したり。チビ太が走りぬける原っぱに円筒型のドカンが描かれている。マンガにもドカン（土管）と表記されているが、これは従来の粘土質のものではなく、人が入りこめるくらいのサイズのコンクリート製のものだ。「おそ松くん」では、泥棒をはじめとする怪しいオッサンの住み家として、この頃からしばしば登場するようになる。

下水道工事や新道工事が盛んだった当時、近所のちょっとした規模の空地には、こういう大型のコンクリート管が5個、6個と置かれていて、「忍者部隊月光ごっこ」なんかをやるときの格好の基地になった。

ちょうどオリンピック開催の64年秋頃のマンガが載った9巻には、六つ子の通学路のあちらこちらで道路工事をやっていて、イヤミの仕切りで勝手に人の家のなかの近道をぬけて登校していくような話がある。道端にはまだ木製のゴミ箱やフタのないドブ川がよく描かれているけれど、この辺はオリンピックを契機に消えていった町の風景だ。

石垣の切り通し、ドカンのある原っぱの向こうに描かれた三角屋根の洋館……といったスケッチまで含めて、親しみを感じるのは作者・赤塚不二夫の仕事場がわが家の近場にあったせいなのかもしれない。後に知ったことだが、あの「トキワ荘」はわが家から2、300メートルのご近所にあった。尤も、赤塚氏がトキワ荘近辺にいたのは「おそ松くん」が始まってまもない頃までなのだが、その後も大久保、淀橋……僕と同じ新宿北西部に拠点があった。

〝原っぱのドカン〞の風景は「ドラえもん」にも見受けられるけれど、赤塚と藤子不二雄は長らく〈スタジオ・ゼロ〉という同じ拠点で仕事をしてきたわけだから、そのシチュエーションの源は同じ、オリンピックの頃の東京西部の住宅街がベースとなっている、と見ていいだろう。

そう、この頃の近所の東京風景の一齣として記憶されているのが、アメリカシロヒトリという蛾の流行。当初、アメリカからヒトリ（1人）やってきた白い蛾……みたいな、さすらいのイメージを持っていたのだが、漢字を充てると「アメリカ白火取り」となり、これはヒトリガ（火取り蛾）という火や灯に集まる蛾を意味する名称なのだ。

以前、害虫に詳しい農学博士（安富和男氏）にアメリカシロヒトリの歴史を伺ったことがあったが、終戦直後に米軍の荷物に付いたサナギを発端に、進駐軍施設のあった大森あたりから日本全国へと広がって、薬品で駆除されながらも断続的に流行を繰り返しているという。僕の印象に強く残るアメリカシロヒトリのフィーバーは、63年頃から4、5年続いた戦後第2次の大発生期、と聞いた。

街灯なんかに集まる成虫は、さほど大きくもない白い蛾なのだが、こいつの幼虫がトゲトゲしい毛虫然とした奴で、人的被害は少ないもののサクラなどの街路樹の葉をものすごい勢いで食い荒らす。標的になった樹の枝葉は破けた漁師網のような、惨ましい佇まいを見せていた。

通学路や公園で見掛ける、こういった惨状も1つだが、生活風景として刻まれているのは、薬品散布のシーン。初夏の頃に家の縁側でくつろいでいると、庭先の方から白い煙が仄かに漂ってくる。

「あら、たいへん。アメリカシロヒトリよ。窓閉めて……」

母親の指示で手早く縁側の窓や雨戸を閉める。母が言うアメリカシロヒトリとはその蛾自体ではなく、駆除の薬品散布を意味していた。わが家の小さな庭にアメリカシロヒトリの幼虫が付くような樹木はなかったはずだが、ピークだったオリンピックの年の頃はそこらじゅうの垣根や低木にも白い粉状の薬を散布してまわっていた。いまは薬品も改良されたようだが、当時のはBHCというツーンと鼻にくる塩素臭がきついやつで、人体に有害だったと聞く。とはいえ、もわもわと白い煙がたちこめていたアメリカシロヒトリ駆除の夏の景色も、いまとなってはなつかしい。

この辺で近所の東京を脱して、広い意味での東京に目を向けてみよう。

手元に「わたしたちの東京」という小学校の社会科の副教科書が保存されている。4年生のときに使ったものだから、66年の版になるが、文章の大方はその2、3年前のオリンピックの頃に書かれたものと思われる。これ、80年代に僕が書いた『東京23区物語』(新潮文庫)の文体のベースにしたものでもある。

晴れた日に、東京タワーにのぼると、東京のようすがよくわかります。おほりや森にかこまれた皇居のまわりには、大きなビルディングがたちならび、たくさんの自動車がゆききしています。南の海には汽船のうかぶ東京港が見え、隅田川が銀色に光って流れこんでいます。また、その海ぞいや川ぞいには大小のえんとつが立ちならんでいます。

なんて書き出しで始まっているが、「隅田川が銀色に光って」あたりの描写、3章でふれた映画『いつでも夢を』の浜田光夫と吉永小百合のやりとりを思わせる。この筆者はあの映画を観て、文章を書いたのではなかろうか。

ともかく、いかにも高度経済成長期の東京を表現する解説だが〈もくじ〉を眺めると、「低地に住む人たち」「台地に住む人たち」「丘陵や山地に住む人たち」「島に住む人たち」と往年の小学社会科らしいプリミティブなタッチで項目立てがされている。ちなみに、ここでいう「島」というのは、豊洲や台場のような湾岸埋立地ではなく、大島をはじめとする伊豆七島のことである。

たとえば「低地に住む人たち」の項をめくっていくと〈海沿いの土地の生活〉として、品川や羽田に残る、海苔漁の話などが解説されている。浜辺の海苔干し場の写真に〈2、3年前までは大森にのり干し場があった〉とキャプションが付いているあたり、東京の姿が激変していた時代を感じさせる。

これに続く〈水上の生活〉という一節は興味深い。

隅田川を中心として、港区、中央区、江東区などの堀わりには、小船で荷物をはこぶしごとをしている人たちが、その船の中にすんでいます。せまい船の中ですから、すいじやせんたく、買物が不便なだけでなく、台風の時には、船をまもるくろうが大へんです。また、ゆそうのしごとをしているときは、子どもの通学にもこまります。そこで、子どもたちは、ねとまりのできる水上小学校にあずけられます。この子どもたちは、休みの日に、父母のいる船の家にかえるのを、いちばんのたのしみにしているのです。

ワッペンの話の資料として複写した64年3月1日（日曜）の新聞のテレビ番組欄に「ポンポン大将」（NHK夜6時）のタイトルを見つけた。この当時の日曜夜6時は6チャンネル（TBS）の「てなもんや三度笠」の方が人気だったが、調べてみると60年9月に始まって、この年の4月頃までやっていた番組だから記憶にある方は多いだろう。これこそ東京の水上生活者を主人公にしたホームドラマだった。

ポンポン蒸気船の船長を務める桂小金治と隅田川河口の町で暮らす孤児たちの交流を描いた物語で、水上小学校らしき学校に通う子供も出てきたはずだ。小金治はこのドラマのイメージにうまく乗って「のりたま」のCM（おもかじ一杯、のりたまで三杯〜〜）をやっていたので、僕は長らく民放番組の印象を持っていた。

ちなみに、ほんの10年も前まで、この時代の面影を留める水上警察署というのが品川の港南側にあったが、湾岸警察署の管轄に入ってその名は消えた。

一方、東京の郊外の方、先の〈もくじ〉にある「丘陵や山地にすむ人たち」の項に目を向けると、まだのどかな里山の描写が綴られている。


多摩川の南に、小高いおかがつづいています。この多摩丘陵は、高いところまで畑となって、むぎや、やさいがつくられています。せまい谷まには、水田がひらけています。

また、おかには、ぞう木林や、クリ・カキの木がうえられ、農家のしゅうにゅうとなっています。


丘陵の高いところまで広がっていた畑地や谷間の水田は、10年と経たぬうちにニュータウンへと変貌したのだ。オリンピックの頃からロケ撮影がスタートした「ウルトラQ」などをDVDで観ていると、宅地造成が始まりつつある多摩丘陵らしき野山が怪獣の格闘シーンとしてよく現われる。

## 西武デパートのピータン

さて、当時の子供にとって〝真の東京〟〝都会らしい東京〟を象徴する場所といえば、なんといってもデパートだった。

東京にはデパートがたくさんあり、とくに銀座・日本橋・上野・浅草・池袋・新宿・渋谷などのデパートには、何万人という人がではいりしています。デパートは、いろいろな品物をそろえてあり、すきなものを自由にえらんで、買うことができます。その上、ごらくせつびや休けいじょがあり、また、いろいろなもよおしがあるので、気らくにはいれます。

まぁいまの感覚では、ショッピング施設としてごくあたりまえのことが書かれているだけだ。この時代のデパートの「ごらくせつび」の看板だったのが、屋上の遊園地。飛行塔などの派手な遊具、動物園を設置するところもあれば、屋上からさらに階段を上っていく展望台を備えたデパートも多かった。10円で1分くらい機能する望遠鏡で外の景色を眺望したおぼえもあるけれど、やがてまわりの建物も高くなって意味をなさなくなった。

「このごろは、私鉄の会社で、デパートをひらくところが多くなってきました」と記されているが、僕がバスでよく出掛けた新宿の西口に小田急（62年・当初はいまのハルクの場所）、京王（64年）のデパートが次々と出現したのがオリンピックの頃だった。

デパートで一番ひいきにしていたのは池袋の西武である。スーパーボールもここで買った、と作文にあるように、こちら池袋も新宿と同じくバス１本で行けたので、ちょっとした買物に利用していた。

わが家の方から目白通りを直進して、目白駅を過ぎて千登世橋の石畳の側道を下り、トロリーバスも走る明治通りを進んでいく。当時の東口は西武の隣りが丸物（いまのパルコ）、向かい側の現ヤマダ電機のところに三越が建っていた。

西武は６階のオモチャ売場をはじめ、昆虫採集の道具、切手のコーナーにも行ったけれど、屋上で印象的だったのは広大なスペースをヘリポートが占めていたこと。ここからヘリコプターで東京を上空から遊覧するアトラクションをやっていた時期もあった（小林旭がこのヘリの操縦士を演じる『都会の空の用心棒』という日活アクションが60年12月に上映されている）。

そして、７階の食堂街でよく憶えているのが、ショーケースの一角に飾られていた中華料理〝ピータン〟のサンプル。いやこれが、サンプルなのか、もしやホンモノだったのか、ワラに包まれたままの状態のものが、足のついた銀皿にただゴロンと載せられていたのだ。ピータンなんて、オトナにもあまり知られていない時代だし、なんというか馬のフンのようなのがシウマイやギョウザの並びに置かれているのが奇妙だった。

さらに、ナポリというシャレたアイスクリーム・ショップのコーナーがあって、ここにエッグアイスとか、まだポピュラーではなかった抹茶（グリーンティー、と表記していたはずだ）のアイスを食べることができた。ピータンも含めて、先進的なデパートだったのかもしれない。

そんな西武で大きな火事があったことは忘れられない。63年8月22日というから、小学1年生の夏だ。

「7階食堂付近から。7、8階を消失。7人死亡、23人負傷。定休日で、殺虫作業員の捨てたマッチが消毒薬剤に引火。」（『年表 昭和の事件・事故史』小林修・著 東方出版）ということだが、「8・24冠水商品の大安売りに、5万人が殺到した。」と付記されている。火災2日後と思うと大胆だ。

食堂の7階とともに焼けた8階には確か、野球のグローブなどを購入したスポーツ用品売場があった……。そうか、記憶の感じから回想すると、ピータンのサンプルを目撃したり、ナポリのアイスクリームコーナーに行ったりしたのは、この火災後に改装されたフロアーだったかもしれない。

東口の西武を出た後、時折西口に流れることもあった。西口には古くから、意外にも東横デパートが進出していたが、これがやがて東武デパートに変わる。いずれにせよ、東口が西武で、西口が東横、東武というのが紛らわしかった。

正確にいうと、当初東武デパートはいまの敷地の南側の方に62年に開店、64年に北側の東横の方も取りこんだらしいが、東横が西口の看板デパートだった頃まで、向かい側に戦後ヤミ市由来のバラック建てマーケットが広がっていた。

マーケットのなかへ足を踏み入れた記憶はないけれど、わが家の方へ行く中野駅行きのバス乗り場に行く途中、マムシを売る気味のわるいヘビ屋なんかがあるマーケットの一角を通りがかったおぼえが薄らと残る。これも、いかにもオリンピックで一掃された風景だ。

オリンピック前の渋谷の記憶というと、東横線の乗り場とその手前にあった「東横のれん街」の光景だけ。これまた、もの持ちのいい母のおかげで残っていた小学1年生時の夏休みの絵日記帳があって、ここに東横線で横浜に行った話が書かれている。横ページのクレヨン画は、黄緑で描かれた〝青ガエル〟と呼ばれた東急5000系（ハチ公前広場に展示された車両）だ。

ぼくは　はじめて　とうよこせんにのりました。みどりいろの　きれいな　でんしゃで　しぶやから　よこはままで　三十ぷんで　ついて　しまいました。

このとき、東横のれん街に入っていた「赤とんぼ」でサンドウィッチを買って行って、それを食べた山下公園に赤とんぼがウヨウヨ飛んでいて、両者のイメージが重なった記憶が残っている。「赤とんぼ」の売場はその後東急本店に移って、いまは髙島屋（日本橋、新宿）

に行かないと買えなくなってしまった。

小学生当時に行くことはなかったけれど、僕がはじめて東横線に乗った頃、すぐ向こうの東急文化会館の地下ホール（東急ジャーナル、というニュース映画館）で牧伸二司会の「大正テレビ寄席」がスタート（63年6月）した。東急文化会館は5、6年後の中学生の時代から洋画の鑑賞やプラネタリウムの見物にしばしば通うようになった場所だが、その名を知ったのは日曜お昼の「大正テレビ寄席」（東急文化会館より中継、のスーパーが出た）だった。

東急文化会館には東横線の改札前から東口のバス（都電）ターミナルを渡る遊歩道を歩いてアプローチすることが多かったが、入った2階は〈文化特選街〉と名付けられ、銀座の名店ばかりが並んでいた。田屋、ヨシノヤ、鳩居堂、サエグサ、ベニヤ、立田野……〝コンパクトな銀座を作る〟というコンセプトだったというが、どこかの和装の店から強いお香の匂いが漂っていたのが鼻の粘膜に記憶されている。

しかし、こうやってみると、1960年代くらいまでの渋谷は、銀座線で結ばれた〝銀座の郊外支店街〟みたいな関係性が残っていたのだろう。

## 西銀座の不二家で

そんな本家本元の銀座——新宿北西部の町に住んでいた僕は銀座線でアプローチすることはなく、だいたい丸ノ内線を利用していた。池袋から乗ることもあったが、新宿からの方がちょっと早いのでこちらのルートを使うことが多かったか……。四谷で地上に出て車内がにわかに明るくなると中間くらいまできた……という意識がいまもある。

母に連れられてやってきた、記憶に残る行きはじめの頃、降りる駅の名は西銀座といった。開業時（57年）にフランク永井が「西銀座駅前」なんて歌をうたい、西銀座デパートがオープンしたのもこの時期だが、駅の位置はいまと同じ数寄屋橋の外堀通りの地下。日比谷線が晴海通りの下に開通して、銀座通りの銀座線・銀座駅と3線3駅がつながったのが64年のオリンピック直前の8月29日。ここで丸ノ内線の西銀座の駅名は消滅したのだ。

旧・西銀座の駅を降りて地上に出てくると目の前に不二家（数寄屋橋店）があった。高層ビル化されていまも健在だが、当時は3階建くらいの建物で、上の方に「フランスキャラメル」のネオン看板が掲げられていた。

60代より上の方は記憶にあるだろうが、フランスキャラメルとは赤・白・青のフランス3色旗の真ん中に幼女時代のシャーリー・テンプルに似た顔写真をあしらったパッケージで、中身もバニラ、コーヒー、チョコレートと3種の高級感漂うキャラメルによって構成されていた。キャラメルは森永のなんかより若干硬めの大型で、パッケージデザインも含めて輸入菓子の趣きがあった。

昭和の東京の写真集などを見ると、この看板はオリンピックの年くらいにペコちゃんと不二家のマークを象った新しい看板に取り替えられてしまったようだが、僕にとってはフランスキャラメルの看板の印象の方が強い。この西銀座の不二家前あたりから4丁目方向を眺めたショットが〝銀座の原風景〟といってもいい。

ここの不二家は1階が菓子売場で、クリスマスシーズンにはもちろん銀紙製の長靴のキャンディーセットが店頭にずらずらとぶら下がっていたが、一角のショーケースの中で丸焼きの鳥がステンレスの串に刺されてグルグル回っていた光景を思い出す。

開高健がオリンピック前夜の東京をルポルタージュした『ずばり東京：昭和著聞集 上（朝日新聞社）』のなかで、63年暮れの銀座不二家を取材していて、この丸焼き鳥についてふれている。

「この日食べたなかで、値段と質が私なりにうなづけて満足できたのは〝バーベキューチキン〟と呼ぶ例の自動焼鳥機の丸焼トリだけだった。一羽が三百七十エン、肉はやわらかくてたいへんうまいと思った。しかしこの店の社長に会って話を聞いてみると、クリスマスには大量生産するからどうしても味がおちるということであった」

店は2階がプリンやパフェの類を中心にした喫茶室で、3階がマカロニグラタンやハンバーグが食べられるレストラン（グリル、と表示されていたと思う）だったはずだ。

開高氏はこの不二家取材の文の冒頭、電話帳で都内に27店の不二家があることを調べ、6軒の店をはしごする。

「阿佐ヶ谷で一軒、新宿で一軒、日比谷で一軒、銀座で二軒、錦糸町一軒、合計六軒を覗いて食べて歩いた。いちいちまともに食べていたらおなかがパンクするから、あの店ではスープだけ、この店では魚だけ、あちらでは肉だけ、こちらではサラダだけというぐあいにメニューを選び、六軒でフル・コースになるようにした。〝ロティソマット〟という自動焼鳥機でトリの丸焼きもしていたので、さいごに買って、家へ持って帰って食べた」という流れで、先のバーベキューチキンはうまかった……という話につながる。

ともかく、戦後まもなくの頃は銀座（発祥は横浜・元町）くらいにしかなかった不二家が、この時期かなりの勢いで郊外の街へ進出していたことがわかる。まぁ、いまどきのファミレスのもとでもあり、僕の世代が洋食やスイーツの味を知った重要な店でもあった。プリンの横に生クリームやバナナ、サクランボ、ビスケットの破片……などが盛られたプリンアラモードなるものを西銀座の不二家ではじめて口にしたときの感動は計り知れない。

不二家のプリンで満足していた小学1、2年の僕は知る由もないけれど、あの「みゆき族」がみゆき通りに出現したのもオリンピックの年の初夏の頃だった、という。いまはその後主流になったアイビー族の別称のような感じで語られることも多いが、当初のみゆき族は男女ともアイビー、トラッド・ファッションとは程遠いグランジ系風俗だったという。

やがて、晴海通りの並木通り口に新装されたテイジンメンズショップが銀座アイビーの拠点（その後2FにスナックVANが登場）となり、64年春に創刊された「平凡パンチ」が彼らの教科書となっていく。

# 第10章

# 平パンと007とビートルズ

〝若者ファッションの教科書〟あるいは〝サブカル情報誌の原点〟ともされる「平凡パンチ」が創刊されたのは、オリンピックの年・64年の春のことだったが、さすがに小学2年生の教室では話題になっていなかった。

僕が「平パン」の存在を知ったのは、その2年後の小学4年生の頃だろう。クラスにカワグチ君という、ちょっとマセた子がいた。4年生のクラス替えで一緒になった奴だったと思うが、まだ当時あまり子供は着用しなかったジーパン（もしくはデニム生地の半ズボン）を穿いていて、エッチな話題になるとニヤニヤしながら話の輪に入りこんでくる。すごく仲が良かった……というわけでもなかったけれど、何かの流れで別の友人たちと彼の家に遊びに行ったとき、子供部屋に平凡パンチが何冊かあって、エロっぽいグラビアを見せびらかされたことをよく憶えている。確か、2、3年か上の中学生くらいの兄貴のものだ、と語っていた。

本書は、小2の頃の僕の記憶に残る、オリンピック前夜の事象を選んで書いているものなのだが、この時代の流行風俗を語る上で重要な平凡パンチにはふれておきたい。

3、4章の吉永小百合や青春歌謡の調べ物でもお世話になった、マガジンハウスの資料室（知的財産室、という硬い名が付いている）でバックナンバーを繙くと、オープンカーに乗ったアイビールックの若者たちを描いた大橋歩イラストの創刊号（64年5月11日号）の内容は、思っていたより〝硬派〟な感じだった。

加賀まりこのグラビアはあるものの、さほど露骨な裸の写真はなく、トップ記事は〈鈴鹿グランプリレース〉の内情を暴いた、まじめなルポルタージュである。ポルシェ904などのマニアックな車名は出てくるが、上覧に入った〝平凡パンチ〟のロゴを消されたら、「週刊新潮」の記事といわれても納得してしまう。

〈三大連載小説〉の執筆陣は、今東光、戸川昌子、笹沢左保。吉行淳之介司会による〈デートにセックスはふくまれる？〉なんてテーマの座談会も、僕のイメージの平パンにしては随分おとなしい。

しかし、徐々にファッションや音楽の先端情報をとらえたページが目につくようになってくる。6月1日号には〈銀座に夏がやってきた……歩くMEN'S FASHION〉の見出しで、銀座を闊歩するオシャレな男子たちを「メンズクラブ」の〝街で見かけたアイビーリーガー〟調に批評、解説するグラビア企画（解説者は長沢節だ！）があり、6月15日号では〈きみはVAN党か　JUN党か？〉と題して、アイビーとコンチネンタルのファッション派の違いを8ページにわたって解析している。

写真のモデルのスタイルを見る限り、まだこの時期のJUNはヨーロピアン（コンチネンタル＝その後、コンチと省略されるようになる）というより、カジュアルなアイビー系といった感じで、胸にアイビーリーガー風ロゴの入ったフード付きのヨットパーカー（ヨッティングジャケットと銘打たれている）などは、むしろVANよりもいまどきのアイビーっぽい。

そして、アイビーファッションの記事でおもわず目が点になったのは、12月7日号に掲載された〈VAN党結成宣言〉、なる見出しのページだ。

〝アイビー・シスターズ〟を名乗る22歳のモデルの女性（「エレキの若大将」に出てくる松本めぐみらの女子バンドもこの名前だった）が、アイビー派の若者たちの大集会を開催する——という、まぁたわいのない記事（いかにも編集者が知り合いの女性とデッチあげたようなネタだ）なのだが、冒頭にあるこのパーティーの招待状の文面が時代を表わしている。

アイビーの本格派と、本格派をめざすあなたたちの集まりです。トラディショナルなデキシーのリズムの内で、ツイストを踊ろう、サーフィンを踊ろう。だけどあなたが本格派ならやっぱりチャールストンと行こう！　今日ばかりはアイビーシスターズもチャールストンで仲間入り。

チャールストンは、アメリカでは戦前のジャズの時代にハヤッた古いダンスだが、この頃、日本でチャールストンがブレイクしていたのは記憶にある。大好きだった森山加代子が「五匹の仔ブタとチャールストン」というのを歌って、これがNHKの「みんなのうた」で流れていたから、僕らもカカトをチョンチョンと後ろに跳ねあげるその踊りは知っていた。

そして、この招待状、穂積和夫、石津謙介、くろすとしゆき、ミッキー・カーチス、といったゲストの名の前に、〈ところ〉リキスポーツパレス・渋谷区大和田町――と、会場が記されている。

大和田町とは渋谷駅西口の246と井の頭線の間のエリア。リキスポーツパレスは力道山が立ちあげた〝スポーツと娯楽の殿堂〟で、井の頭線脇の坂の上り口のあたりに王冠を象ったドーム屋根を載せたビルが建っていた。力道山は死んだが、リキスポーツパレスはプロレスの中継会場ばかりでなく、ナウなアソビ場としても利用されていたのだ。

## ヘンなモード・みゆき族

ところで、オリンピック前夜の銀座を主舞台にしたこういったアイビー派の若者たちを〈みゆき族〉と称する人はけっこう多いけれど、平パンのこの種の記事に〈みゆき族〉のフレーズは出てこない。昭和風俗の特集などで、みゆき族の若者をアイビールックで描いたイラストを見ることはよくあるけれど、アイビーとみゆき族はそもそもまるで違った風俗グループだったようだ。

平パンに特集記事はなかったものの、若い女性をターゲットにした「週刊平凡」（64年6月11日号）にみゆき族の記事を見つけた。〈変なモード　銀座にはびこる〝みゆき族〟スタイル〉というタイトルからして、懐疑的なスタンスの記事であることが伝わってくる。

まず目につくのは、やたらに長いスカートである。しかも安物のプリント布地で仕立てもけっして上等ではない（ほとんどが自分で作るのだそうだが）。なかには、スカートと、共布のリボンをお尻の下までたらしているものもある。そして上半身はノースリーブのニットブラウス。ヘアスタイルはほとんどがショートヘアで、ジプシーまがいの輪っかのようなイヤリングや、ネッカチーフなどでアクセントをつけている。

足もとはペチャンコな布製靴か短靴、ゴムぞうりなどで「買い物かごの親分のようなのをかかえている」と続くが、この文章からも書き手の悪意が感じられる。

女性誌ゆえ女性側のアイテムが中心だが、以下が男性みゆき族のスタイル。

女性の長いスカートとは反対に、クルブシがまる見えの短いラッパズボンに上着は、おヘソがようやくかくれるていどの長さ、そして天気のよいのに細身のコウモリ傘を持っている。

ここには書かれていないが、男性が携帯する〝ボロボロのズダ袋〟を象徴的なアイテムとして掲げる資料も多い。

当時、「ジュリアン・ソレル」をはじめとするシャレたブティック（まだ洋品店という呼び方だったかもしれない）が並んでいたみゆき通りをフラついていたことからその名が付いたわけだが、この記事を読むと、通りの西端の泰明小学校脇の数寄屋橋公園が彼らの溜り場だったようだ。いわゆる〝西銀座〟が若者のトレンドエリアだった頃だろう。

しかし、こういうやさぐれたファッションの志向というのは、お坊ちゃん、お嬢ちゃんたちのきちんとキメたアイビーに対する反発意識から生まれたものなのかもしれない。ひと昔前の不良学生のボンタンズボンやイカサンダル、タケノコ族、ガングロ……といった、わかりやすくトンがった側に位置するブームだったのだろう。

年末の平パン（64年12月28日号）に〈パンチ特選 '64図解式・風俗史〉という特集があって、ここで野末陳平が若者側のスタンスで「みゆき族」のブーム（の報道）を批判している。

「みゆき族はですな、『平凡パンチ』の表紙の影響で生まれたんですよ。短いズボン、フーテンバッグ、まったく流行とはおそろしいものです」

まいったまいった。だからオトナはいけませんや。ちょいと変わった服装すると、アイビーもみゆき族もみんな同じものと思っちゃう。まったく、無知てえのはおそろしいもの。

5月頃に出現して、夏場にピークを迎えたみゆき族、マスコミに頻繁に露出したことから警察の風紀取締りの対象となり、9月の築地署による一斉補導で鳴りをひそめてしまったという。

「よっぽどヒマだったんでしょうな、銀座に一夜大型バスをくりだして、みゆき族の狩り込みとしゃれこんだよ」

と、野末陳平は書いているが、お行儀がよろしくないだけで、コレといった事件などを起こしたわけではないようだから、いまどきだったら警察の行動も問題視されるに違いない。また、9月という時期から察して、これも街頭のゴミ箱撤去と同じく、オリンピックに際して外国人の目を気にした行為だったのかもしれない。

とすれば、オリンピック開催によって、オシャレ若者のファッションは紳士的なアイビーが優勢となったとも考えられる。確かに、あの選手団のエンブレム付ブレザーの姿はアイビー的だ（三田明も66年の春「アイビー東京」って曲を出した）。

この野末氏の64年総括のページの終わりに新宿の洋服屋・三峰の〈'64サヨナラ・セール〉の広告が載っている。三峰はおよそ5年後、中学でファッションに目覚めた僕が、タカQやイセヤとともに新宿でよく立ち寄ったショップの1つだが、そうか、最初のアイビーブームの頃からがんばっていたのか……。

ステンカラーコートやチェックのジャンパーを着こなしたアイビー調のモデルの写真が載っているが、下に掲示された冬のコートの品目が興味深い。

ロンドン・コート　¥4500、ハッスル・コート　¥3700、コペン・コート　¥2900、キューロン・コート　¥3900。

コペンってのは、コペンハーゲンのコートってことか？　しかし、ハッスル・コートというのはどういうもんだったのだろう？

この広告で、ステンカラーコートの男が四角いアタッシュケースを手にしているが、アタッシュケースの人気のもとは〈007〉に違いない。この年の4月に封切られたシリーズ2作目『007危機一発』（後年、『ロシアより愛をこめて』に改題）が大ヒットして、日本でもブームが始まる。「忍者」の章でふれたように子供の方にまでブームが広がってくるのは65年あたりからだが、平パンでは6月頃からジェームズ・ボンドにスポットを当てた特集が見受けられる。

## 謎のリバプール・ビートルズ

ボンドのファッション、車、酒……などが解説される構成、数年後に日本版007的な映画（『国際秘密警察』シリーズ）に主演する三橋達也が「ボンドふうマティーニに凝っちゃってね。シャンペン・グラスでダブルでやってるよ」（64年6月8日号）なんて、イカシたコメントを寄せている。

ボンドのファッションについては、

「スコッチふうのしぶいブルー系の背広に、スリーブをうんと長くした純白のワイシャツ。無地のネクタイにサングラス。これがいわゆる〝ボンド・スタイルだが……」

と、書いている方もそのキーポイントが絞りこめていないような文章だが、翌年の『ゴールドフィンガー』の頃になると、テイジンが〈ボンドルック〉と題した露骨な007キャンペーンを打ち出すようになる。

「メンズクラブ」に載った記事広告の一節を紹介しておこう。


スーツはテーラード・ショルダー、ウエストにしぼりがあり、二つ釦、チェンヂ・ポケットが特徴、深めのサイド・ベンツとあくまで正統派英国調。ワイシャツの衿はワイド・スプレッド、カフはボンド・カフとたいへんな凝りよう。黒のニットタイ、そして、ベストは必ずつけ、ズボンはカフレス、ときたら文句なし、英国紳士一丁アガリー。

こちらはファッション用語満載のマニアックな文章だが、黒のニットタイ……あたりは初期の007らしいアイテムだ。

さて、007とほぼ同じ時期から日本で話題になりはじめたイギリスのグループがいる。ご存知、ビートルズである。

日本盤レコードの話でいうと、64年2月に「抱きしめたい／こいつ」と「プリーズ・プリーズ・ミー／アスク・ミー・ホワイ」のシングル盤が東芝からたて続けに発売され、4月に「シー・ラヴズ・ユー／アイル・ゲット・ユー」「フロム・ミー・トゥー・ユー／アイ・ソー・ハー・スタンディング・ゼア」「ツイスト・アンド・シャウト／ロール・オーバー・ベートーヴェン」などが続き、ベストアルバムも発売されているから、64年の訪れとともにブレイクしたことがわかる。

僕が「シャボン玉ホリデー」か「ザ・ヒットパレード」かで、カツラをかぶった植木等やジェリー藤尾、あるいはスリー・ファンキーズあたりが「抱きしめたい」の歌マネをしているシーンを観たのもこの年の春か夏の頃かもしれない。東京ビートルズとかクールキャッツとか、ビートルズのヒット曲を日本語でカバーして〝和製ビートルズ〟などと呼ばれるグループも登場した（クールキャッツは舟木一夫が出るコロムビアレコードの歌謡番組で何度か観たおぼえがある）。

「週刊平凡」の5月21日号に〈ビートルズの正体〉という特集が組まれているが、ブレイクしたとはいえ、まだ不思議な新生物を見るような感じで記事は書かれている。

まず目につくのは、あの特異なスタイル――マッシュルーム・カット（キノコ型）と呼ばれるカッパ・アタマと襟なしの三つボタンの背広――だが、彼らの写真をみる女の子は異口同音に「可愛いいわ！」という。たとえば、このカッパ・アタマは、ジョージがハンブルグにいったとき、温泉プールからあがって鏡をみたとき、「これだイカス！」と思いついたというが、彼らはヘンチョコリンなことで女の子の心をつかむセンスをもっているらしい。

カッパ・アタマって言い方もないだろうが、このジョージの温泉プールのエピソードにはおもわず笑った。

ところで、64年の「週刊平凡」と「平凡パンチ」をめくっていて、おっ！　と目を剝いたのが10月の号のグラビアに掲載された〝ビートルズ来日〟の記事。

元祖？ビートルズ　リバプールから来た5人

――週刊平凡　10月1日号

ビート台風上陸！　やってきた〝リバプール・ビートルズ〟の5人組

――平凡パンチ　10月5日号

彼らは9月16日～27日に後楽園アイスパレスで催された〈世界サーフィン・パレード〉

という音楽イベントに招待された5人組バンド（テナーサックス奏者がいる）で、現地では「リバプール・ファイブ」の名で活動していたが、日本側のプロモーターが客ウケを狙って「リバプール・ビートルズ」と改称してしまったらしい（尤も、地元ではあのビートルズより先に〝ボーイズ・ビートルズ〟と名乗っていた、という説もある）。

宣伝チラシにも〈ヤァ！ ヤァ！ ヤァ！で踊ろう……リヴァプール・ビートルズが来る！〉と、昔の地方都市のインチキ興行（春日六郎ショー、みたいな）を思わせる呼び文句が載っている。

ちなみに日本側の出演者は、内田裕也、尾藤イサオ、スリー・ファンキーズ、ジャニーズ、寺内タケシとブルージーンズ、東京ビートルズ……といった、いかにもという面々。彼らリバプール・ビートルズは「抱きしめたい」「ツイスト・アンド・シャウト」などのナンバーを披露したという。

リバプール・ビートルズ――紛らわしい名前からして、B級、C級のバンドのイメージを思い浮かべてしまうが、加瀬邦彦らプロのミュージシャンは彼らの演奏を案外好評価している。

「今までもいくつかの外国グループと共演してきた。そのたびに新しい何かを学び、新たな驚きもあった。でも、今回の衝撃は最大級だった。今までに聞いたこともな

いサウンド、音の厚さ。」　――『ビートルズのおかげです　ザ・ワイルド・ワンズ風雲録』　枻出版社

ユーチューブに彼らのビートルズ・ナンバーはなかったが、66年にリバプール・ファイブの名義でRCAレコードから発売されたシングル盤の曲がアップされていた。「アイム・ノット・ユア・ステッピンストーン」のタイトルを見て、おやっ！　と思ったが、そう、これはモンキーズでおなじみの1曲ではないか。

モンキーズ盤とはまた違う、ガレッジなかなかいい音を出している。

そんな〝リバプール・ビートルズ〟がやってきた9月頃から〝ザ・ビートルズ〟出演のチョコレートのCMがしばしば流れるようになった。「ハード・デイズ・ナイト」（映画『ビートルズがやって来る　ヤァ！ヤァ！ヤァ！』の1シーン）が印象的に使われたこのCM、僕はずっと明治のチョコレート（デラックスかブラック）のイメージを思い浮かべていたのだが、ライバル・森永の「ストロングチョコレート」という新商品のCMだったようだ。

このチョコ、〝純カカオ〟をウリにした苦味の効いた味で、若い女性向に〝女性専科〟のキャッチを付けて発売した「フラワーチョコレート」に対して、〝男子専科〟と銘打たれていた。ともかく、このCMで聴いた♬エテナハーデーナイ……のパートこそ、ごく初期におぼえたビートルズのナンバーといえるだろう。

007もビートルズも、若者の枠を越えて広く知られるようになるのはオリンピックの

後の65年に入ってからのことだが、大ヒットした007映画の第3作、『ゴールドフィンガー』(65年4月公開)の劇中、ショーン・コネリー演じるジェームズ・ボンドがビートルズについて言及するシーンがある。

ゴールドフィンガー側の女スパイと会話のキャッチボールを楽しんでいるシーンで、「ビートルズは耳栓をして聴くべし」なんていう毒気のあるジョークをぼそっと言う。英国紳士風のボンドがビートルズ嫌い、というのは設定として的を得ているように思うが、ショーン・コネリー自身、彼らの存在をうとましく思っていたのかもしれない。

# 第11章 夢の超特急とミコとマコ

子供にとっての64年の出来事として、東海道新幹線の開通はある意味〝オリンピック〟以上に大きなものだった。10月1日の開通はもちろん9日後に開幕するオリンピックを念頭に入れたものだろうし、いまも東京五輪のオープニングセレモニーのような事象として記憶に刻まれている。

東海道新幹線――開通以前から〝夢の超特急〟の呼び名がかなり浸透していて、幼児向の絵本や雑誌に実際の新幹線とは微妙にデザインが異なる試作車レベルの車両が載っていた……という記憶が残る。あれはいつ頃のことだろう。

手元に僕が幼稚園児の時代に愛読していた〈講談社の絵本　乗物画集〉というのが2冊、かなりくたびれた状態（裂け目などがセロテープで補修され）で保存されている。シリーズ初作の『乗物画集』（60年3月刊）と『乗物画集(4)』（61年6月刊）の2冊だが、どちらも日本の国鉄の最上級の特急電車として描かれているのは、58年11月にデビューした「こだま」（151系）だ。

東京から　大阪まで、わずか　六じかん五十ぷんで　はしり、一にちの　うちに
ゆききの　できる　ビジネスとっきゅう「こだま」は、のも　まちも　トンネル
も　またたくまに　とおりすぎ、すばらしい　はやさで　はしって　いきます。

――『乗物画集』

そう、この「こだま」は日帰りで東京・大阪の出張ができる〝ビジネス特急〟というのがキーワードで、森繁久弥主演の東宝サラリーマンシリーズの映画でもよく使われる（もちろん森繁一行は日帰りせず、宿で一泊して羽を伸ばすわけだが）。僕も「こだま」というと、各駅停車の新幹線より先にこちらをイメージする。当時よく聴いていたフレーベル少年合唱団が歌う童謡アルバムのなかにも、「とっきゅうこだま」というのがあった。

もう少し後の『乗物画集』のシリーズには「夢の超特急」のカットも登場したのかもしれないが、残念ながら手元にはない。

こういう絵本とは別に、思い浮かんできたのが幼児向の月刊誌だ。「めばえ」とか「よいこ」とか「たのしい幼稚園」とかいくつかあったが、僕が常読していたのは「こばと」。幼稚園児をターゲットに集英社が発行していた月刊誌で、ここに連載されていた「こりすのぽっこちゃん」（太田じろう・作）というマンガにハマっていたのだ。

もしや、この「こばと」で〝夢の超特急の想像図〟的な絵を眺めたのではないだろうか？国会図書館のデジタルコレクションに何冊かデータがストックされているのを手元のタブレットで突きとめてから、現場へ本格調査に乗りこんだ。

60年あたりからの保存号の目次を拠り所にしただけだから、見落しもあるかもしれないが、61年の4月号に〈とっきゅうでんしゃ〉と題して、鮮やかな赤のボディーに日比谷線風のアルミ・コルゲートを貼った〝新東海道線〟の電車絵が掲載されていた。

とうきょうと　おおさかの　あいだを
はしる、ちょうとっきゅうでんしゃ。
はやい　はやい。せかい一　はやい、
でんしゃ。

デザインはほぼ0系（1000形）の格好だが、先頭部にトレードマークの丸いカバー（非常用連結器の扉）はなく、開いた窓越しに客の子供が描かれている。低空を飛ぶ金魚鉢型のヘリコプターを追いぬいて走る……ような構図が微笑ましい。

じっと眺めていると、この絵を幼児の頃に1度見たような気もしてくるが、「こばと」のバックナンバーリストを再び目で追っていくと、この年61年の9月号に〈にかいてつどう〉という妙な呼び名を使って、再び新東海道線が描かれている。

当初、近鉄あたりが採用しようとしていた〝2階建て車両〟の列車を想像していたら、この〝にかい〟は貨物線の上の2階、つまり高架線を走る鉄道を意味していたのだ。

こちらに描かれた新東海道線の車両は緑と白、赤のイタリアンなトリコロールカラーだが、ボディーのデザインは前者とほぼ同じである。

そして、〈おかあさまへ〉と但し書きして、絵の意図の説明が添えられている。

39年春を完成目標として、工事を進められている新東海道線は、現在走っている貨物線の真上に平行して走る個所があります。この絵は国鉄からいろいろお話をきいて作りあげた想像図です。二階だての鉄道は日本では始めてですし、更に貨物線の下に国道が立体交叉しているので、ここでは三階ということになります。

第2京浜が交差する馬込橋のポイントがこの絵のモデルだろうが、なるほど、いまやどうってことないこういう鉄道と道路の重層構造があの時代はまだ珍しかったのだ。

さて、50数年ぶりに読んだ「こばと」にはもちろん愛読していた「こりすのぽっこちゃん」が載っていた。子りすの女の子を主人公にしたたわいない日常マンガだが、本編以上になつかしかったのは表4（裏表紙）にしばしば掲載されている「リスミー」という、ぽっこちゃんをマスコットにした不二家のミルキーに似た乳菓の広告。

〈オリンピックのリスミー〉とキャッチフレーズが掲げられているけれど、このオリンピックは東京五輪のことではなく、銀座2丁目の伊東屋の隣りにあったレストランの「オリンピック」なのだ。9章の銀座のレストランの話は「不二家」の思い出に終始してしまったが、「オリンピック」もたまに連れていってもらった店で、天火（オーブン）でじっくり焼く表面に焦げ目のあるマカロニグラタンが格別だった。
「リスミー」はオリンピックの洋菓子部が製造していて、確かレストランのレジ横あたりのスタンドにぶらさげて販売していた。いま思えば、この「リスミー」目当てでオリンピックに連れていけ……と、母にねだったのかもしれない。

## 「夢の超特急」の由来

62年の前半までデータ保存されていた「こばと」に、〈夢の超特急〉と銘打ったページは見つからなかったが、僕が小学1年生の年の終盤、新幹線が開通する64年初頭の「小学一年生」（小学館）1月号の巻頭グラビアに〈のれるぞ！　ゆめのちょうとっきゅう〉と題したページを発見した。

はやいぞ　はやいぞ　ちょうとっきゅう、
ことしは　ぼくらも　のれるんだ。
ちょうとっきゅうに　のって、
とうきょうへ　オリンピックを
みに　いきたいな。

富士山を背景にビューンと走る新幹線に男女の子供が手を振っている。野良道の向こうに日の丸の旗を掲揚した茅葺き屋根の家が垣間見える、のどかな田舎と新幹線をコントラストさせた味のある絵の作者は、軍機や怪獣のイラストで知られる小松崎茂である。

開通10か月前だが、もう新幹線はデザインもカラーリングも最初の0系の姿になっている。この特集は、小松崎茂の見開きグラビアだけで終わるわけではなく、手塚治虫のマンガ「ロップくん」（これは2章でふれたNHKテレビの人形劇「銀河少年隊」の隊長を主人公にしたものだろう）を挟んで、沿線の絵地図と車両の様子を図解する企画が2色刷り8ページで組まれている。

ビュッフェやデッキに設置された〝つめたい水〟の装置の紹介がなつかしい。後者はいわゆるウォータークーラー――このページのマンガでは通常の紙コップで子供が飲んでいる様子が描かれているが、これ実際はペタッとしたカードみたいなビニール容器が備えられていて、閉じた容器の口の部分を指先で開いてウォータークーラーの注ぎ口にセットする。飲み方もけっこう難しかったが、それがまた〝貴重な聖水〟のようで、興味をそそられた。

なんて、僕が初めて新幹線に乗って、ペタっとした容器で飲む冷水に感動したのは、開通から2年近く経った夏のことだったが、何度か紹介している小2当時の作文帳を見ると、開通してまもない11月頃に乗車願望を綴った「ちょうとっきゅう」という題の詩がある。

ぼくは、光ごうに　のりたい。
光ごうに　のって　大さかへ　行って
こうしえんきゅうじょうで
やきゅうを　見たい。

前の章で書いたように、巨人を中心にした野球観戦に熱中し始めた頃だから、これは当然、甲子園で阪神・巨人戦を観たいということだろう。タイトルには「ちょうとっきゅう」と付いているが、本文で、「光ごう」と連発しているところを見ると、この新しい号名で呼ぶのが定着していたのかもしれない。

ところで、先の「小学一年生」（64年1月号）を国会図書館のパソコンのマウスでポチポチとページめくりしていると、〈とくべつニュース〉と題したコーナーに、浩宮様（現・天皇陛下）が美智子様に連れそわれて新幹線の遊具に乗られている光景が掲載されていた（この年の春、学習院の小学校に上がられた宮様は、〝ナルちゃん〟の見出しでしばしば芸能誌の記事に扱われている）。

屋根に穴を開けた運転台に猿の姿が見えるこれは、上野動物園の「おさるの電車」なのだった。なるほど、もう開通前に新幹線のモデルが取り入れられていたとは、上野のおさる電車、なかなかトレンドに敏感なのだ（新装開業のイベントに伴って、宮様を御招待したのかもしれない）。

ちなみに〝超特急〟という言葉が世に出たのは案外古い。64年の新幹線よりずっと昔、戦前1930年（昭和5年）に東京・神戸間を9時間で走った、蒸気機関車時代の「燕」にすでに付けられていたニックネームで、内田百閒の随筆なんかにもよく出てくる。

つまり〝夢の超特急〟の言い回しは、もとに〝超特急〟があったからこそのものなのかもしれない。その出所は、僕が図書館で調べた幼児誌や少年誌の編集部が子供の読者に向けて考案したのではないか……と踏んでいたのだが、鉄道の専門誌などを読むと、新幹線事業計画のかなり早い時期から国鉄内部で使われていたようだ。そして、この「夢」は素直な〝ドリーム〟という意味と、〝実現するわけがない〟という皮肉をこめた〝夢〟と、2説の由来があるらしい。たぶん、最初は〝ドリーム〟のイメージで提案されたのを、誰かが茶化して、どちらの説も伝説化してしまったのだろう。

東海道新幹線が開通した10月1日、朝日新聞は夕刊のトップで「ひかり1号」の出発式の模様を報じているが、ニュースワイド番組などは乏しい時代だから、テレビ番組表に新幹線を謳った特集タイトルは見当たらない。ただ、この日の朝刊に掲載された「大丸」（東京駅八重洲口）の広告コピーにはおもわず口もとが緩んだ。

「きょう世紀の超特急がはしる
きょう世紀の超特売が始まる
夢の超特売　14日まで」

「東海道新幹線1964〜夢の超特急誕生前夜」（交通新聞社）というムック誌の一文によると、〝新幹線〟という言葉の出現は1940年（昭和15年）の鉄道省の会議文書（東京下関間新幹線増設ニ関スル件）が最初らしい。

新幹線開通までの専門的な話も載っているこのムック誌に、往年の新幹線グッズを紹介するページがある。ブリキのオモチャ、バケツ、弁当箱、ペダルカー、電車かばん……丸っこい0系の車両はキャラクター化しやすかったのだろう、様々なグッズが巷に出回った。

僕の手元にも記念切手とピースの記念タバコ（空箱）が保存されているが、「東京五輪音頭」のように新幹線開通にちなんだ歌というのはあったのだろうか……。調べてみると、「恋の山手線」を歌った小林旭が64年に「東海節」というのを出していて、ジャケットに新幹線の写真が入れこまれている。

さほどハヤッた曲ではないので、すぐに浮かんでくるわけではないが、歌詞（星野哲郎）を見ると大阪から順に東京へ向かって沿線の名所が歌いこまれている。新鉄道唱歌的な1

曲だが、新幹線らしいのは「名物くらべを羽島れば」と、岐阜羽島がらみのシャレが織りこまれた一節くらいで、「ひかり」とか「超特急」とか、わかりやすいフレーズは出てこない。あまり露骨なキャンペーンソングにはしたくなかったのだろう。

先のムック誌に新幹線開通時の各駅をとらえた航空写真が載っているが、この岐阜羽島と新横浜は、まさに田んぼのなかの〝ぽつんと一軒駅〟って情景で、時の移ろいを感じさせる。開通から1、2年経った頃だと思ったが、田んぼのなかの岐阜羽島駅にイネの害虫・ウンカの大群が押し寄せた……なんていうニュースが少年サンデーかマガジンの怪奇事件の特集ページにおどろおどろしい図解入りで載っていたのを思い出す。

前章で資料に使った「平凡」（10月号）にも、西郷輝彦と和泉雅子が新幹線車内を案内するグラビア特集があった。一瞬、新幹線を舞台にした映画で共演したのか……と思ったが、西郷のデビュー映画『十七才のこの胸に』（64年11月）の相手役は本間千代子で、これは新幹線が関係した話ではない。

「平凡」の新幹線と2人のショットにふと重ねてしまったのが、吉永小百合と浜田光夫。9月19日の封切り以来、1か月のロングランヒットを記録していた日活映画『愛と死をみつめて』は、大阪と東京を結ぶ〝遠距離恋愛〟の側面をもつストーリーでもあった。

## マコ、甘えてばかりでゴメンね

難病に冒された女性とのと出会いから別れまでの〝往復書簡〟を、恋人の男性（河野実《まこと》）がまとめた原作『愛と死をみつめて』は、63年の暮れに大和書房から出版されると翌64年にかけてベストセラーとなった。とくに女性の愛称・ミコと男性の愛称・マコは、青山和子が歌った同題のヒット曲（64年のレコード大賞）の冒頭に織りこまれたことから、キャッチフレーズのように流行した。

難病とはガンの一種・軟骨肉腫で、とりわけこの若い女性の顔（頬の周辺）に生じたということが話をいっそう悲愴なものとした。

活字以外のメディアとしては、まず64年の年頭にラジオ劇が放送されたというが、最初に話題になったのは4月12日と19日の2回にわたってＴＢＳの東芝日曜劇場の枠で放送されたドラマで、まだ駆け出しだった橋田壽賀子が脚本を担当、ミコを大空真弓、マコを山本学が演じた。

このドラマ、翌年にかけて4度再放送されたというから、初回放送のときではなかったかもしれないが、家族で観ていて、医者がミコの深刻な病状を告げるシーンでコワくなって耳をふさいだことをよく憶えている。

そして吉永・浜田コンビによる映画化が決定、7月に青山和子のレコードが発売され、2か月で30万枚を突破する大ヒット曲となっていく。おそらく、東京オリンピックの頃、巷で一番流れていたのは、♬マコ、甘えてばかりでゴメンね〜〜というこの歌だろう。林家三平が話につまったときなどに、唐突にこの歌を口ずさんでいたシーンを記憶している（映画版の主題歌は吉永小百合が歌ったが、僕は吉田正メロディーのこちらの方が好みだった）。

さて、ミコとマコが知り合うのは、60年の7月。ミコが入退院を繰り返しながらも3年過ごすことになる、大阪大学附属病院でのこと。この通称・阪大病院、現在は郊外の吹田の方へ移転したが、当時は中之島の堂島川沿岸にあって、北方の窓越しに大阪駅が望めた。

マコと出会った頃のミコは18歳、まだ病状は深刻ではなく、病院の共同炊事室で鼻唄を歌いながら洗いものをしていた、という（マコはちょっとした耳の手術で短期入院していたらしい）。

日活の映画（斎藤武市・監督）にも、炊事室の出会いからまもない、病院の屋上での2人の陽気な会話シーンが冒頭に描かれている。トランジスタラジオから流れる阪神・巨人戦の中継を聴きながら「イカスなぁ、長島」とハシャぐ浜田を吉永が否定、関西弁の彼女（兵庫・西脇出身）は生粋の阪神ファンと判明する。

原作本はミコが再入院する62年8月から、亡くなる63年8月までの1年間の話であり、映画もこの時期が中心となる。中央大学に通っていたマコ、夏休みにわざわざ大阪駅でビール売りのバイトをするシーンはあるけれど、東京との往来に「こだま」に乗車しているようなシーンはない。原作を読むと、倹約して夜行列車を使うことが多かったようだ。しかし、この往復書簡には出てこないものの、やがて開通する〝夢の超特急〟の話題がミコとマコの間で交わされたこともあったのだろう。

映画のシーンで象徴的に使われているのは、マコがギターでつまびく「禁じられた遊び」だ。この曲をテーマにしたフランス映画の公開はだいぶ前（53年）だが、長らくギター・ビギナーの練習曲として定着していた。

「禁じられた遊び」のことは、原作のミコの手紙にも書かれている。

今ラジオから「トゥ・ナイト」が流れています。マリアがベランダで歌うあの場面を思い出します。出来ることならもう一度、見たいですネ。「ウエスト・サイド物語」を。ああ「禁じられた遊び」がかかりました。いつ聞いてもすばらしい曲です。

63年の3月の書簡だが、前年あたりから大流行していた『ウエスト・サイド物語』の映画も、『禁じられた遊び』の映画も、外出許可が降りたときに2人で観に行ったのかもしれない。また、映画では使われていないが、原作では西田佐知子の「アカシアの雨がやむとき」がミコの死に対する意識に重ねるように、しばしば登場する。

映画に主演した吉永小百合の名は、2人の手紙にも見受けられる。ファンだったことから河野氏が本を送りつけて、そんなきっかけで吉永がミコを演じることになった……という経緯が「週刊平凡」に載っていた。そして、ベストセラーに加えて、歌やドラマ、映画もヒットして、河野氏のマスコミ露出が目立ってくる秋の頃からは、〝愛を売りものに〟なんて見出しを付けた、中傷記事が週刊誌をにぎわすようになる。

河野氏への同情的なスタンスが見受けられる「週刊平凡」にも、こんな茶化し気味のエピソードが記述されている。


彼は東北への逃避の旅行を試みたのだが、すでに有名になりすぎていた彼の姿は、地方の女学生たちに、めざとく見つけられるというしまつ。女学生たちは『愛と死をみつめて』の歌をうたいながら、彼をとりまいてきたそうだ。

──64年10月15日号

青春歌謡のアイドルじゃあるまいし、実際そこまで河野氏の顔が知られていたのか、疑わしいところもあるけれど、こういう難病をめぐる美談が大衆に突つかれやすい傾向は、いまどきのＳＮＳの時代も変わっていない。

子供の頃、ＴＶ版「愛と死──」の病状宣告のシーンで耳をふさいでいた僕は、こういう難病悲話モノ映画は当然苦手なのだが、ちょっと救われるような場面もある。たとえば、ミコが途中で移ってきた4人部屋にいる3人のおばあちゃん患者は、北林谷栄、ミヤコ蝶々、笠置シヅ子、といった曲者がコミカルに演じていて笑わせてくれる。

このシーン、昔観たときはさらっと聞き流していたのだが、笠置とミヤコが「創価学会」

のネタでやりあっているのが印象的だ。

――あんたみたいな〝拝《おが》み屋〟とは違う
――創価学会いうたら、〝拝み屋〟とはチャウわぁ……

「あんた、創価学会のこと、どう思います？」と北林がミコの吉永に話を振ったりもする。

原作に創価学会は出てこないから、なぜ入れこんだのだろう……と思ったが、64年は池田大作が政党（公明党）を立ち上げて国政進出を試みた年であり、トレンディーな話題だったのだ。とはいえ、いまのこの種のメジャー映画なら、排除されてしまうセリフだろう。

どうもこういった端っこに目がいってしまう僕は、原作本の2人の手紙で時折〝ギャグ〟のように使われる、とあるフレーズがことさら気になった。

――ニクイネ、酋長
――カワイソーニネ、酋長
ニュアンスとしては、「ニクイネ、コンチキショー」みたいな合いの手的なフレーズなのだろう。

このフレーズについて、僕が所持している２００４年刊行の新版には＊印を付けて、注釈が付いている。

「当時はやっていたＴＶ人形劇『ひょっこりひょうたん島』のセリフで、この後二人の合言葉となった」

しかし、実際ミコとマコが手紙で〝酋長〟フレーズを使っているのは、62年の10月から11月にかけての頃で、まだ「ひょうたん島」はやっていない。1章で書いたように、この時期のNHK人形劇は「チロリン村とくるみの木」だった。

すると、このフレーズは「チロリン村」のキャラクターとのカン違い、という可能性が高い。なんとなく聞いたようなフレーズでもあるけれど、確定的なキャラは浮かんでこない。検索してもヒットしないから、さほどハヤッた言い回しではないのだろう。データにある番組のタイトルリストを眺めると、この時期、〝村長選挙〟の話をやっていたようだから、チロリン村選挙の候補者のなかに〝インディアンの酋長〟みたいなキャラクターがいたのかもしれない。

ところで『愛と死をみつめて』の舞台になった阪大附属病院は山崎豊子の『白い巨塔』のモデル病院としても知られている。この小説の連載が「サンデー毎日」でスタートしたのは63年9月(15日号)。ここで歴史に敏感な方は、おっ！　と思うだろう。

ミコが病院で息を引きとったのは63年の8月7日――何か、計算されたように日が近い。この時点でミコとマコの物語が世に知られているわけではないから、山崎氏も事情を知らずにペンを執りはじめたのだろうが、美しい純愛物語と入れ替わるようにドロドロの医局内幕劇が幕を開けたのだ……と思うと感慨深い。

# 第12章

# オリンピックがやってきた

第1章の冒頭、63年の大晦日の番組表に着目した一節に「地上最大のクイズ」の名が見られる。フジテレビ系火曜夜7時30分からの30分番組で、司会・桂小金治と記されているけれど、このクイズ番組はオリンピック色満点の構成だった。

ギリシャのアテネを〝ふりだし〟にゴールの東京まで、聖火リレーのコースに準じたスゴロク風のセットが組まれていて、小金治の仕切りで解説者が順に設問に答えていく、といった感じの構成だった。〈日清オリンピックショウ〉のサブタイトルが付いた、日清食品の単独提供で、優勝すると賞金百万円とともにチキンラーメンが1年分贈られたという。この番組でチキンラーメンがドバッとプレゼントされるシーンはあまり憶えていないが、後継番組の「ちびっこのどじまん」で優勝した子に「日清ソースやきそば」が〝体重分〟プレゼントされる（勝者が大きな体重計に乗って測定するセレモニーがある）光景はよく憶えている。

それはともかく、この「地上最大のクイズ」で印象に残っているのは、オープニングでチアガール風のおねえさんたちが「この日のために」という歌にのせて踊るシーン。

♬この日のために～～きたえたからだ～～

三浦洸一（〝歌のおばさん〟で知られる安西愛子も共演）が張りきった声で歌うこの曲は、「東京五輪音頭」よりも先行して、オリンピック応援歌のような感じで巷に流れていた。

「地上最大のクイズ」の放送開始が62年11月、「この日のために」のレコード発売は62年初夏の頃というから、オリンピック開催より2年余り早い。ちなみにこの歌は、日本体育協会とオリンピック東京大会組織委員会が文部省を後ろ盾に一般から詞を公募、プロの補作詞と作曲によってできあがったもので、レコード盤のラベルに〃国民歌〃と表示されている。身体を鍛える……ところから始まる詞といい、行進曲風のメロディーといい、軍歌を思わせるところもある。戦時の国民歌謡の世代が制作を指揮していたのかもしれない。

とはいえ、歌い出しのあたりはわかりやすいので、僕らもよく鼻唄で口ずさんでいた。愛読していた「おそ松くん」(赤塚不二夫)でも、出前もちの兄ちゃんなんかが♬この日のために〜〜と口ずさみながら、街頭を調子よく自転車で走るカットなんかがある。

何度か使っている〃記録ノート〃を参考にすると、日の丸の旗を頭の上(当初は耳)に掲げたハタ坊というキャラクターが登場するのは、マンガ連載が始まって2年目の64年春の頃からで、秋に向けて日章旗のサイズも大きくなり、フランスやアメリカ、他国の国旗を掲げたカットも見られるようになってくる。このキャラもオリンピックムードが反映されたものなのではないだろうか。

イヤミがオリンピックの外国人観光客を目当てにひともうけしようと、英会話のレッスンを始める話などもあるけれど、こういうマンガが掲載された少年サンデー本誌にも、外国人を〃謎の異星人〃のように扱ったオリンピック関係の特集記事が散見される。

たとえば、オリンピック体操競技のつり輪選手(遠藤幸雄あたりがモデルか?)のイラストを表紙に描いた64年10月11日号のオリンピック特集ページには〈外人のみわけ方〉なんていう、ふざけたコラムがある。

「ドイツ人　どいつも、こいつも、顔がきりりとひきしまっている。時間が正かくで、いつも時計をきにする」

「フランス人　なんとなく、ようきな顔つきをしている。よく、ものをたべながらあるくのがくせだ」

　さらに別冊少年サンデー64年秋季号には、オリンピック競技や施設のまじめな解説もあるものの、〈これはゆかい　こんな料理がつくられる〉なんてタイトルを付けて、各国料理とその国の人の特徴が冗談まじりに紹介されている。

「ブタの丸やき（ハワイ）　アメリカのハワイ出身の人は、ブタの丸やきを食べないと、力がでないそうだ。土の中に、ブタをいれ、熱した石を、上からのせて、やくのだ。日本人には、とても、まねのできない、ざんこくな料理で力をつけているんだね」

「チーズ（ドイツ）　チーズは、日本でも、よくたべている。ところが、ドイツ人は、冷ぞうこの中に、大きなかたまりを入れておき、ほうちょうで、ガバガバきって、口にいれる。これがおわってから、食事だ」

　さすがに、こういった料理がオリンピック選手村で作られる、とは書かれていないが、これだけ見てもオリンピックでやってくる選手も含めた外国人との間に距離があった、情報が乏しかった、ということが窺える。

インド料理のチャパティなんかも取りあげられているけれど、そういえば「インド人もビックリ」というキャッチフレーズのS&BカレーのCMが大流行したのもオリンピックの年のことだった。もっともこのCMでターバンを巻いたインド人に扮していたのは芦屋雁之助だ。

## イーデス・ハンソンと戦艦

ドラマなどで日本の俳優がヘンテコな外国人を演じることはよくあったが、〝青い目のタレント〟が注目されるようになったのもオリンピックを前にした頃からではなかったか。ロイ・ジェームス、E・H・エリック、そしてなんといってもイーデス・ハンソン。

外国人（アメリカ人）特有のイントネーションで流暢に関西弁を喋る……和洋混合した物言いがコミカルな味を醸し出していた。さて、彼女がどういう番組に出ていたのか……特定の番組は思い浮かんでこない（映画『アルプスの若大将』で加山雄三と絡んでいたシーンは記憶にある）が、64年春に『青い目の嫁はん』という、彼女のプロフィールをベースにしたような映画（松竹）が制作されているから、オリンピックの年にブレイクしていた、と見ていいだろう。

イーデス・ハンソンは名前もおぼえやすかったので、街なかでちょっと鼻の高い白人女性を見ると、僕らはすぐ「イーデスハンソン、イーデスハンソン……」と言い合っていた。

ところで、先に「この日のために」は軍歌っぽい……というようなことを書いたけれど、

64年のオリンピックの頃の少年マンガ誌の表紙は、だいたいいつも戦艦や戦闘機だった……というイメージがある。

試しにiPadで〝少年サンデー　1964〟と検索してみたら、オークション・サイトに軍機モノの表紙の雑誌ばかりがずらずらと表示された。大和や武蔵らしき戦艦、ゼロ戦、紫電改……。「少年マガジン」と打ち変えても同じような感じである。マガジンにはちばてつやの人気マンガ「紫電改のタカ」が連載されていたし、サンデーには13回にわたって「少年太平洋戦史」という、小松崎茂らの挿画を使った、まじめな戦史特集が組まれていた。

「この特集は、太平洋戦争の、真の記録である。きみたちのおとうさんや、おかあさんが、どのように戦い、どのように生きぬいてきたかが、くわしくわかる。諸君、太平洋戦争の、ほんとうの姿をしろう」

こういうリード文が〈外人のみわけ方〉と同じ雑誌に載っていたとは、編集者のタイプも読者層も様々だったのだろう。プラモデルやマンガの人気に乗じた戦記特集、という側面もあったのだろうが、終戦からようやく20年……まだ「おとうさん、おかあさん」に戦争の体験を聞く時代だったのだ。

わが家は祖母を筆頭（祖父は大阪に赴任していて、たまに「はり重」の良い肉をみやげに帰ってくる）に父母、叔父さんのいる昔風の大家族だったが、オトナたちが戦争体験を僕らに語って聞かせる……ような空気感はなかった。ただ、叔父さんが戦記モノの外国テレビドラマを観ながら、アメリカ戦闘機のグラマンやパットン戦車の魅力から軍事教練時代のゲートルの巻き方……なんかまで得々と語っていたのを思い出す。

ワシのマークの大正製薬提供の「コンバット！」をはじめ、「頭上の敵機」（「爆撃命令」と改名される）、コミカル路線の「マイペース二等兵」……英米モノの戦争ドラマもよくやっていた。

軍歌調のムードも漂う「この日のために」ともう1つ、オリンピックの歌といえば三波春夫の「東京五輪音頭」だが、これも開催1年余り前の63年6月に発売されて、早くから盆踊りや運動会などで踊られた。レコードのジャケット裏には、絵解きで振り付けも記されている。この曲、よく知られるのは三波春夫が歌ったものだが、坂本九、橋幸夫、三橋美智也、北島三郎……各社から共作盤が出て、あの吉永小百合や橋幸夫は「東京オリンピック音頭」と微妙にタイトルの違う曲も歌っている。また、春日八郎は渋谷区に依頼されて代々木競技場など区内施設に的を絞った「オリンピック渋谷音頭」なんていうコアなやつを歌っていたそうだ。

ところで、『東京五輪音頭』という映画も作られた。オンタイムで観る機会はなかったが、十朱幸代と山内賢、和田浩治らを中心にした日活の青春映画の仕立てになっていて、十朱がオリンピック出場を狙う大学の水泳選手という設定。三波春夫は築地場内の寿司屋の板前と〝ホンモノの三波春夫〟という歌謡映画によくある2役を熱演している。64年9月の封切だが、8月に廃止された佃島の渡し舟のシーン（わざわざロケ地に選んだのかもしれない）なども記録されている。映画のラストはもちろん、三波春夫の歌、花柳社中の綺麗どころが踊る「東京五輪音頭」のステージで締めくくられる。

僕も「東京五輪音頭」、体育の時間に練習して運動会で踊った記憶があるのだが、この件については例の作文帳にも記録されていない。

しかし、もの持ちのいいわが家には「おちいち」（新宿区立落合第一小学校の略）と題された小学校の年報冊子が2冊保存されていた。65年3月に発行された第2号に前年64年の行事が羅列されている。

これを見ると、5月24日に春季大運動会が催されたようだから、東京五輪音頭を踊ったのはこのときかもしれない。目で追っていくと、7月21日に「夏季休業に入る。水不足のためプール使用禁止」とあるが、このオリンピック前の東京は日照り続きで深刻な水不足に見舞われていたのだ。

そして、おもわず目を見張ったのはオリンピックが始まる10月。7日のところに「蟯《ぎょう》虫《ちゅう》検査開始」とあるのも時代を感じさせるが、開会式が行われた10日のところにこんなことが記されている。

「全校体育。春に運動会を済ませたがオリンピックで運動熱がもりあがった」

なんと、オリンピックが始まった日に全校体育なんてのをやっていたとは、まるで記憶になかったけれど、たぶんこの日も盛大に東京五輪音頭が踊られたのだろう。

## 64年10月10日のこと

とはいえ、この10月10日の全校体育、何時頃から行われたのだろうか。64年の10月10日は土曜日、開会式の幕開けは午後の2時だから、おそらく定例の土曜午前中の授業時間（1、2時間目）が全校体育に充てられたのだろう。

テレビの番組表を見ると、NHK、日本、TBS、フジ、NET、そしてこの春（4月12日）開局した東京12チャンネル、各局午後1時頃からオリンピック開会式の中継番組をスタートさせている。

全校体育でテンションをあげて帰ってきて、昼ごはん（エースコックのオリンピック・ワンタンメンか？）など食べながら開会式の中継に臨んだ、と思われる。

朝日新聞のテレビ欄に各局の中継の特徴が解説されているが、状況がわかりやすいTBSの解説を紹介するとこんな感じ。

「開会式に先立って、オリンピックにわく東京の表情を中継車とヘリコプターでとらえる。また聖火が安置されている皇居前と赤坂にもカメラを置き、最終コースを走る聖火を追う。開会式中継のゲストは作家石原慎太郎さん、さらにスタジオにも星由里子、勅使河原霞さんの二人を招き、その感想を聞く」

石原氏が理屈っぽいコメントをしているようなシーンが目に浮かぶが、日テレのゲストにはお先にふれたイーデス・ハンソンの名がある。

開会式で印象に強く残っているのは、各国選手団が入場した後、聖火リレーのラストを務める坂井義則選手が国立競技場のスタンドの階段を上って聖火台に点火するシーンと上空を飛ぶ航空自衛隊のアクロバット部隊・ブルーインパルスによって描かれた〝五輪のマーク〟だ。

この空に描かれた五輪、テレビ中継を観ていて「これはナマで眺められるのでは」と外に飛び出していって、前に書いたタカハシという床屋が道路建設で引っ越してしまった後に通い始めた、マツオカという床屋の前の空き地で空を仰いで眺めたことを鮮烈に憶えている。ふと、黄やピンク、淡いグリーンなんかも入った5色仕立てのような気もしていたのだが、それは後年の別のアトラクションの記憶が重なったもので、写真を確認して見るとこのときの五輪は白1色、飛行機雲状のシンプルなスモークだった。

先の小学校の学報「おちいち」に再び目を移すと、「10月15日　オリンピック見学。六年児童一四三名、職員一二名」との記述があって、顔なじみのある先生たちと6年生の児童たちが国立競技場の聖火台下あたりの席に陣取っているスナップが載っている。

子供たちの視線もキョロキョロと定まっていない感じだから、競技が行われていないときに撮影された写真なのだろうが、15日の国立競技場というと何の競技を観戦したのだろう。オリンピック中継に力を入れていた、開局まもない東京12チャンネルがテレビ欄に出した中継プログラム表を参照すると、15日は午前10時頃から女子100メートル走の予選、午後2時台に男子100メートル準決勝、午後の3時頃からは男子の決勝が行われているから、見学が午後だとすると彼らは〝黒い弾丸〟ボブ・ヘイズの走りをナマで見たのかもしれない。ヘイズの決勝公式タイムは10秒ジャストだったが、準決で追い風非公認ながら9秒9を出して大いに話題になった。

前回のオリンピックには公立の小、中、高校生の招待枠があって、小学校はだいたい上級の5、6年生が選抜された。うーん、もう3、4年前に生まれていたら、オリンピックがナマで見られたのだ。

ところで、64年の出来事の年譜を調べていたら、この15日の翌日にオリンピックに参加していない中国がタクラマカン砂漠で初めての核実験を行ったのだ。その実験自体よりも、2、3日後に東京あたりでも雨の予報が出ていて、濡れると人体に害が出る……と騒がれていたことはよく憶えている。とくに、僕ら子供の間では「放射能の雨にあたると頭がハゲる」という噂が出回っていた。

ともかく、僕のオリンピックはテレビ観戦となったわけだが、わが家のテレビでの観戦シーンの記憶はほとんどない。妙に印象に残っているのは、学校の教室のテレビで観たチャスラフスカの体操演技。跳馬だったか、平均台だったか……何かの器具を使った体操のシーンだったはずだ。それも、確か放課後にそうじ当番をやっているときに、従来は社会や理科や道徳の学習番組（ＮＨＫ教育かＮＥＴ）の時間しか使ってはならない、黒板脇の一角に設置された古くさい扉付きのテレビの扉をパカッと開いて担任先生が特別に観せてくれたのだ。当時の担任はヤマカワ先生というベテランの女性教師だったから、たぶん自分でチャスラフスカの体操演技が観たかったのだろう。

しかし、このチャスラフスカというチェコ選手の名前、オリンピックの思い出話などを語るときにいまだにちゃんと発音できた試しがない。実況アナや解説者はさぞや泣かされたに違いない。

重量あげ（フェザー級）の三宅義信が日本最初の金メダルを取ったシーン（会場が渋谷公会堂だった、と知ったのはだいぶ後のことだ）、わが日本の神永がオランダのヘーシンクに屈した武道館の柔道（無差別級）……断片的に印象に残る競技の光景はいくつかあるけれど、閉会した後もしばらくブームが続いていたのは〝東洋の魔女〟のキャッチフレーズが付いた女子バレーボールだろう。とくに閉会式前夜（23日）に繰り広げられたソ連との熱戦は、伝説のゲームとなった。

ソ連のオーバーネットを誘う、最後のキラーサーブを決めた宮本、キャプテンの河西、磯辺、半田、松村……映像を見直したときにその名が思いあたる選手は多い。そして、選手以上にスター化したのが、選手たちを率いた大松博文監督だった。スパルタ特訓から〝鬼の大松〟と呼ばれ、その監督術を論じた本『おれについてこい！』『なせば成る！』（講談社）はベストセラーとなって、監督を退いた後、石原慎太郎や青島幸男が初当選した68年の参院選に出馬、自民党議員になった。あっさりバレーボール界を去ってしまったようにもとれるけれど、大松監督も日紡貝塚のメンバーも62年の世界選手権で優勝した時点ですでに熱は冷めていた、と聞く。

僕はこの大松監督自身に興味を持っていたわけではないけれど、ファンだったクレージーキャッツのハナ肇が当時「大松監督に似ている」と自称して、鬼の特訓のコントネタなんかをやっていたのでよくおぼえている。大松氏が参議院議員になった頃に始まった「サインはV」のチーム・立木大和（原作マンガは立木武蔵）は大松が率いた日紡貝塚がモデル、ヒロインの岡田可愛（朝丘ユミ）を特訓するコーチの中山仁のキャラクターは大松を参考にした、といわれている。

## 映画「東京オリンピック」

ところで、ここまではオンタイムの記憶をたよりにオリンピックの競技の思い出を書いてきたが、市川崑監督がメガホンをとった、『東京オリンピック』という記録映画がＤＶＤ化されて残されている。65年3月20日から上映が始まったこの映画は、１７０分という長い尺（2部制で上映時には休憩が入った）だったが、確か小学3年になった春か夏の頃に学校で鑑賞した（体育館で映写したような気がする）おぼえがある。開会式や閉会式のシーンなどは、テレビ中継よりもむしろこの映画で記憶に擦りこまれたものなのではないだろうか。

冒頭、クレーン車の鉄球が古いビルを打ち壊す映像から始まって、三國一朗が淡々とした調子で近代オリンピックの歴史を解説する。朝日や夕日を使ったイメージ的なカットも所々に織りこまれて、東宝の怪獣映画くらいしか観ていない小3くらいの子供には、ちょっと入りにくい映画だったが、古関裕而作曲、陸上自衛隊の音楽隊が演奏する東京オリンピックマーチにのせて、各国選手団が入場してくる開会式のオープニングは、いつ観ても爽快な気分になる。

この市川崑の記録映画、当時一般のオトナからも「難解」「わかりにくい」などの悪評が立ったというけれど、いま改めて観ると、芸術性に走るばかりでなく、競技のポイントもきっちりおさえられている。

競技に臨む前の選手たちのルーティン的な動作、見守る観客の様々な表情……長島と王が何かの陸上競技を並んで見物するカットも収められていた。女子バレーボールの日本・ソ連戦を真摯な顔つきで観戦される、クールビューティーな美智子妃のショットにも見とれてしまった（当初予定されていた黒沢明が撮っていたら、どうだったろう?）。

室内競技もいいけれど、やはり街頭で行われる競技は見るべきところが多い。まず八王子の競技場を起点に周辺の山中を走る自転車のロードレース。いまの滝山街道あたりなのだろうが、くねくねした里山の道に茅葺き屋根の家しか見えない景色がすごい。

そして、マラソン。10月とはいえ国立競技場のスタートが午後の1時というのはいまの常識では考えられない。そして、スタート直後にいきなり押されて転倒している選手をカメラは見事にとらえている。

新宿4丁目あたりで甲州街道に入ると、南口の陸橋脇にずらりと人垣が続いている。いまのパークハイアット東京のところにあった、古びた円筒型のガスタンクも垣間見えるが、その手前には素朴な2階建の商店が並んでいる。この1年半くらい前まで、彼らが走る甲州街道の路面を京王電車も一緒に走っていたのだ。

折返し点は調布の飛田給、現在の東京スタジアム（通称・味スタ）の玄関先だ。集まった観衆のなかに〝USA〟のボードを掲げた金髪の女の子が見えるあたり、調布基地に米軍ハウス（関東村）が隣接していた時代を思わせる。

この折返し点のシーンで、目にとまるのが〝落伍収容〟の表示を掲げたバス。ナレーターも説明しているが、リタイアした選手を乗せるバスなのだ。それにしても〝落伍収容〟のフレーズはどうにかならなかったものだろうか。

似たような〝時代カルチャーギャップ〟をおぼえるのが給水所の光景。水に浸したスポンジ（昔の風呂場にあった表面がボコボコ状のやつ）がいくつも用意されている、というのも時代を感じさせるが、選手各人のドリンク容器も垢抜けない。円谷選手のは、おそらくマヨネーズのチューブを使ったもので、なかのドリンクも何やら黄色っぽい。そして、こういったドリンク、アベベや円谷らトップの方の選手はランニングしながら口にする術を身につけているようだが、後から来る選手のなかには、その場に立ちどまって片手を腰にあて、風呂あがりのコーヒー牛乳のような感じで悠々と飲んでいる者もいる。

そう、この大会ではアベベもプーマのシューズを履いているが、まだ裸足で走る黒人選手の姿も見受けられる。

優勝したアベベのタイムが世界新記録で2時間12分11秒だから、いまだったら選考にもパスできないレベルだ。が、ゴールして、そのまま何もなかったようにさりげなく屈伸運動を始めるアベベ――みたいな選手はそう簡単には現われないだろう。

10月の薄暗くなった夕方5時台に行われた閉会式のさばけた行進も東京オリンピックを象徴するシーンとなった。各国選手入り乱れたドタバタのパレードは、クレージーキャッツが年末正月のバラエティーで歌い踊るホンダラ行進曲を思わせるものがあった。

式の終盤には空もすっかり暗くなって、聖火台の横の電光掲示板に〈ＳＡＹＯＮＡＲＡ〉と〈ＭＥＸＩＣＯ　１９６８〉のランプ文字が映し出された光景は強く記憶される。オリンピックの終幕に合わせるように坂本九が「サヨナラ東京」、ザ・ピーナッツは「ウナ・セラ・ディ東京」、新川二朗は「東京の灯よいつまでも」と、感傷的な東京の歌をうたった。

しかし、調べてみると、坂本の「サヨナラ東京」と新川の「東京の灯よいつまでも」はともに64年7月、ザ・ピーナッツの「ウナ・セラ・ディ東京」は9月……オリンピックが始まる前に、終わりや別れをイメージさせるレコードをすでに発売していたのだ。

確かに、祭りの後のシチュエーションの方が歌謡曲にはなりやすい。

終わりといえば、閉会式の翌日、10月25日の新聞（夕刊）トップを〈池田首相　退陣を表明〉の記事が飾っているのは、まさに時代の変わり目を象徴していた。

最後にもう1つ、先の市川崑の記録映画にレスリング（57キロ級）で金メダルを取った上《うえ》武《たけ》洋次郎選手のシーンが登場したのはなつかしかった。

上武――かなりのオリンピック通でないと、ピンとこないかもしれないが、僕も当時オンタイムで知っていたわけではない。この選手、落合の小学校の近所に住んでいた（卒業生だったのかもしれない）とかの事情で、金メダルを僕ら児童に見せにきてくれたことがあった。

先の「おちいち」で確認すると、11月9日の出来事として「オリンピック優勝上武選手講話」とあるから、このときだろう。しかし、そのすぐ隣に記された〝行事〟が目に入った瞬間、口もとが緩んだ。

「11月5日　蟯虫駆虫薬服用」

オリンピック直前の検査で引っかかった者に薬が支給されたのだろう。東京オリンピックが終わっても、まだオナカに虫のいる子はけっこういたのだ……。

# あとがき

64年のオリンピックの年の大きな出来事は何らかの形でふれてきたつもりだが、文章の流れの都合で書けなかった事象もある。たとえば、6月16日に起こった新潟地震。東京は大して揺れなかったので〝体感の記憶〟はないけれど、いわゆる液状化現象でアパートが横倒しになっているショッキングな報道写真は印象に残っている。当時の階級では最大震度5だったというが、物心ついて最初の大地震、として記憶される出来事だった。

政界の話は池田首相のことにちょっとふれただけだったが、オリンピックの閉会に合わせて退陣を表明した後、11月9日の臨時国会（上武選手の金メダルを見た日だ）で佐藤栄作が指名され、ここから田中角栄が首相の座につく72年の7月まで、川上巨人のV9に迫るような長い佐藤政権時代がスタートするのだ。僕は小2から高1までの時期だから、これは精神的にも長い。

そして、年の暮れ。この本、63年大晦日の紅白歌合戦の話から入ったので、64年の紅白についても最後に記述しておこう。

司会は前年の評判が良かったのか、紅・江利チエミ、白・宮田輝は変わらない。気になる出場歌手、曲目に目を向けると、三田明、西郷輝彦、青山和子といったあたりが初出場で、青山は当然「愛と死を見つめて」を歌っている。トリも前年と同じく白が三波春夫、紅が美空ひばりだが、大トリを務めた三波の「俵星玄蕃」（映画『東京五輪音頭』にも延々と披露するシーンがある）は、迫力あふれる素晴らしいパフォーマンスだった。オリンピックの神永・ヘーシンク戦をも回想させる美空の「柔」は、この紅白で火がついて翌年のレコード大賞に輝くヒット曲となった。

トリ前はザ・ピーナッツ「ウナ・セラ・ディ東京」、坂本九「サヨナラ東京」と、12章でもふれた〝祭りのあと〟の東京ソングが並んでいるが、そうか、忘れていたなぁ……と思ったのが和田弘とマヒナ・スターズの「お座敷小唄」だ。〝お座敷〟の何たるかも知らずに僕ら子供も口ずさんでいた。とくに〝京都ポント町《ちょう》〟のフレーズは耳に残ったが、実際僕が京都の先斗《ぽんと》町を訪れて、へー、ここがマヒナの歌っていたポント町か……と納得したのはおよそ20年後のことである。そう、和田弘が端っこで操作する、どことなく科学装置っぽいスチールギターも興味をそそった。

舟木一夫は舞台劇モノの「右衛門七討入り」、そして植木等は「だまって俺について来い」を歌ったようだが、大松監督の名文句をもとにしたこの植木の曲は、明るいメロディーにのせて、世知辛い歌詞で始まる。

「ゼニのない奴ぁ、オレんとこへ来い
オレも無いけど　心配すんな」

「見ろよ青い空〜〜」と続く、青島幸男の磊落な詞の展開に感心する。時勢を考えて書いたわけではないだろうが、オリンピック後の不況の世相を見事に突いている。

64年の紅白には出場できなかったが、オリンピック直前の「平凡」をめくっていたら、デビューしたばかりのジャニーズが竣工目前の国立競技場や代々木スポーツセンター（第一、第二体育館）を訪ねるグラビアページが目にとまった。

記事ではとくにふれられていないが、4人はそもそも代々木の競技場群が建つ以前のワシントンハイツの野球場で、ジャニー喜多川氏に野球を習っていた近所の少年たち、という。ジャニーズの名称も、その野球チームが発端らしい。

そんな事情を酌《く》んで決まった仕事なのかどうかはいざ知らず、おそらく彼の傍らに付きそっていた当時のジャニーさんも「故郷に錦を飾る」ような洋々たる気分で、ロケに立ち合っていたに違いない。

と、昔をぼんやり思い出しながら、また気になった事象を何かに憑かれたように調べながら、こつこつと書き下ろした本書は旧知の編集者・林（良二）君からの依頼が発端だった。１９８０年代、マガジンハウスのオシャレ少女誌「ＯＬＩＶＥ」において、僕の担当編集者を長く務めていた彼は、ちょい下くらいのほぼ同世代。数年前に退社して、三賢社という出版社を立ちあげた。

千駄木あたりの寺の境内で催されていた古書市で、すっかり白髪頭になった林君とばったり遭遇したのが運のツキだった。何か一冊作りましょうよ？　なんて話になって、こういった本のプランがもちあがった。

同世代ということもあって、僕の書くネタ（野球や相撲、ＴＶ番組……）にもいちいち反応してくれて、それがモチベーションにもなった。そして、彼の昔の縁で、マガジンハウスの「平凡」や「週刊平凡」、「平凡パンチ」のバックナンバーを調べる機会がもてたことは大きい。

64年のオリンピックそのものにはさほど興味をもっていなかったが、あの時代の僕の記憶のなかにぼんやり残る、芸能界の些細な事象を調べる作業は実に楽しかった。マガジンハウスのご協力に厚く感謝の意を述べたい。

２０１９年11月　　泉　麻人

泉 麻人 いずみ・あさと

1956年、東京生まれ。慶應義塾大学商学部卒業後、東京ニュース通信社に入社。テレビ雑誌の編集者を経てフリーに。東京、昭和、サブカルチャー、街歩き、バス旅などをテーマに数々のエッセイ、コラムを発表している。著書は『大東京23区散歩』『東京23区外さんぽ』『大東京 のらりくらりバス遊覧』『冗談音楽の怪人・三木鶏郎〜ラジオとCMソングの戦後史』など多数。

本文組版 佐藤裕久

JASRAC 出 1912399-901



1964
前の東京オリンピックのころを回想してみた。

二〇一九年十二月五日 第一刷発行

著者 泉 麻人

発行者 林 良二

発行所 株式会社 三賢社
〒一一三-〇〇二一 東京都文京区本駒込四-一七-一
電話 〇三(三八二四)六四二二
FAX 〇三(三八二四)六四一〇
URL http://www.sankenbook.co.jp

印刷・製本 中央精版印刷株式会社

 ISBN978-4-908655-15-9 C0095